그리 아니하실지라도

그리 아니하실지라도

삶이 실망시킬 때,
압도할 때,
아니면 그냥 이해되지 않을 때
하나님을 신뢰하기

Even If:

Trusting God When Life Disappoints, Overwhelms,
or Just Doesn't Make Sense

미첼 리 지음 | 정옥배 옮김

국제제자훈련원

추천의 글

미첼 리 목사는 저에게 아들과 다름없는 사람입니다. 그는 어린 시절부터 제 아들들의 절친한 친구로, 우리 집과 그의 집을 오가며 함께 자랐습니다. 어릴 적부터 타고난 리더십을 발휘하여 친구들을 이끌고 야구를 비롯한 여러 경기에서 승리를 거두곤 했습니다. 성인이 되어 목회의 소명을 받은 그는 제가 공부한 사우스이스턴 침례신학교를 졸업했고, 고국의 신앙과 신학을 이해하고자 잠시 대전에 있는 한국침례신학대학교에서 공부하기도 했습니다.

그는 젊은 시절 아버지의 이른 별세와 친구인 제 둘째 아들의 죽음이라는 아픔을 겪었습니다. 이러한 고통스러운 경험들은 그로 하여금 삶의 고난과 신앙의 의미에 대한 깊은 성찰과 사색으로 이끌었고, 결국 다니엘서에 나오는 "그리 아니하실지라도의 하나님"을 깊이 만나는 계기가 되었습니다.

지금은 한인 2세로서 가장 큰 다민족 교회의 담임목회를 인도하며 수많은 고통과 씨름하며 눈물 흘리는 사람들의 눈물을 씻겨주는 목회를 훌륭하게 감당하고 있습니다. 그리하여 디아스포라 이민 2세들의 영적 리더로 좋은 본으로 살아가고 있습니다.

이 책을 통해 한국과 미국, 그리고 전 세계에 흩어진 디아스포라 한인들이 소망의 하나님을 만나게 되기를 기도합니다. 이 책은 단순한 지식 전달을 넘어 독자들의 마음을 위로하고 영적 성장을 돕는 귀중한 자원이 될 것입니다. 미첼 리를 사용하시는 하나님에게 감사와 영광을 돌려 드립니다.

미첼 리의 성장과 성숙의 증인 된,
이동원 지구촌 목회리더십센터 대표

주님 안에서 동역자 된 미첼 리 목사님의 저서《그리 아니하실지라도》가 국문으로 번역되어 한국 교회에 소개된 것을 참으로 기쁘게 생각합니다.

미첼 리 목사님은 한인 2세로서, 역사가 깊은 미국 현지 교회에서 담임목사로 사역하고 있습니다. 지난 봄, 목사님이 섬기시는 그레이스 커뮤니티 교회에서 주일 예배 말씀을 전한 적이 있습니다. 여러 인종이 함께 모여 예배드리는 그 교회에서 한국 교회의 독특한 영성과 역동성을 느낄 수 있었습니다. 사모님과 함께 다섯 자녀를 믿음으로 양육하는 좋은 아버지이기도 한 미첼 리 목사님의 모습을 보며, 젊은 목회자가 이렇게 귀한 사역을 감당할 수 있게 된 이유를《그리 아니하실지라도》를 통해 발견할 수 있었습니다.

인본주의적 종교다원주의의 거센 격랑이 '누구를 예배할 것인가'에 대한 '예배 전쟁'을 부추기는 이때, "인생의 골짜기에서도 어떻게 하나님을 예배할 것인가"에 답하는《그리 아니하실지라도》의 출간은 이 시대를 위한 소중한 선물입니다.

저자는 자신의 뼈아픈 경험을 바탕으로 얻게 된 "그리 아니하실지라도" 신앙을 각 페이지마다 생생하게 증거하고 있습니다. 독자는 책장을 넘길 때마다 불씨가 마음 밭에 떨어져, 차갑던 가슴도 어느새 뜨거운 열정으로 불타오르는 것을 경험하게 될 것입니다. 마지막 장을 덮을 때까지, 저자는 독자의 생각을 사로잡아 성경 속 인물 앞에 서게 하여 성경이 말씀하는 메시지로 가슴을 뛰게 합니다.

인생의 여러 굴곡 속에서도 한결같이 주님을 신뢰하며, 예배의 영광을 삶으로 재현하기를 소망하는 모든 그리스도인에게 일독을 권합니다.

오정현 사랑의교회 담임목사

《그리 아니하실지라도》는 검은 보자기에 싸인 보석 같은 책이다. 마치 다이아 몬드가 검은 벨벳 위에서 더욱 빛나듯이, 고난으로 단련된 믿음 그리고 고난 마저 초월하는 신앙은 진정한 보석으로서 빛난다.

이 책은 깊이 생각하게 만드는 책이다. 이 책을 읽는 중에 자주 멈추어 나의 아픈 실패와 좌절과 고통과 상처를 돌아보았다. 정말 큰 울림과 감동을 주는 책이다.

저자는 고통스러운 고난을 끌어안게 만들고, 거센 폭풍 같은 고난을 고요히 바라보게 한다. 고통 중에 있는 사람들의 마음을 보듬고, 고통을 통과하면서도 하나님을 예배하도록 도와준다. 기억과 회상의 차이를 알려주고, 깊은 감사와 자족의 세계로 우리를 이끌어준다. 고난 중에 있는 사람들이 품고 있는 질문과 의문과 의심과 탄식을 함께 들으며 슬픈 마음을 위로한다. 모든 상황 속에도 하나님을 예배하며, 하나님의 선하심을 신뢰하도록 돕는다.

이 책은 기독교적 상담의 정수다. 우리가 고심하고 있는 육체적, 정서적, 영적인 문제들을 말씀으로 상담해주는 책이다. 말씀을 통해 상한 감정과 영혼을 치료하고 위로하는 책이다. 나는 이해할 수 없는 고통 중에 있는 분들에게 이 책을 추천하고 싶다. 상실과 질병과 실패와 슬픔 중에도 하나님의 선하심을 신뢰하기 원하는 분들에게 추천하고 싶다. 이 책은 고통 중에 있는 사람을 위한 하나님의 고귀한 선물이다. 고난 중에 있는 분들을 돌보는 사역자들에게 선물하고 싶은 책이다. 사랑하고 아끼는 분들에게 선물하고 싶은 책이다.

강준민 L.A. 새생명비전교회 담임목사

한 사람의 역사는 평범한 날과 비상한 날의 날줄과 씨줄에 엮여 이루어진다. 문제는 모든 사람 앞에 때로는 홍해가 펼쳐지거나 풀무불의 연단이 복병처럼 숨어 있다는 사실이다. 그리스도인으로서 우리는 일상에서의 믿음이 이런 결정적 순간에 우리의 입장을 결정한다는 것을 알아야 한다.

내가 섬기는 새로남교회는 4년 6개월 동안 이단과의 법적 투쟁을 겪었다. 이단에 맞서 싸우면서도, 세상 법정에서의 승리는 보장할 수 없었다. 그 순간 우리 교우들과 나는 "그리 아니하실지라도"의 고백으로 나아가 마침내 승리의 노래를 부르게 되었다. 이 결정적 순간의 고백이 우리를 주님 편에 서게 했다.

이 책은 체험적 신앙을 일깨워주는 교과서와도 같다. 일상에서 하나님의 임재를 강하게 경험하는 삶으로 우리를 이끌어줄 것이다.

오정호 새로남교회 담임목사, 108회기 예장합동 총회장

미첼 리는 이 용기 있는 데뷔작에서 역경 속에서 그리스도를 신뢰한다는 의미를 탐구한다. 예수를 따르는 이들에게 "그리 아니하실지라도"라는 말은 그저 그런 광고 문구가 아니라 자기 삶을 건 담대한 헌신이다. 이 책은 읽을 가치가 충분한 놀라운 저작이자 삶을 위한 깊이 있는 묵상으로 안내한다.

카일 아이들먼 사우스이스트 크리스천 교회 목사, 《팬인가, 제자인가》 저자

《그리 아니하실지라도》에는 노련한 성경학자의 통찰과 따뜻한 목회자의 공감이 적절하게 섞여 있다. 이 책은 후련할 만큼 솔직하고, 뜻밖에 유머러스하며, 매우 유익하다. 많은 이들이 이 책을 통해 어둡고 반항적인 믿음의 삶이 주는 고통과 실망을 잘 헤쳐나가리라 믿는다.

피트 그리그 24-7 국제기도 설립자, 《침묵으로 말씀하시는 하나님》 저자

예측 불가능한 삶 속에서 우리는 좌절, 예상치 못한 변화, 때로는 비통한 슬픔을 마주하며 하나님과 자신에 대한 이해에 일대 혼란을 겪는다. 이 책은 그런 상황에서도 우리를 향한 하나님의 변치 않는 사랑을 증거하면서, 그 힘이 혼돈 속에서 우리를 지탱하는 닻임을 상기시킨다.

제니 양 월드 릴리프 홍보 및 정책 부의장

고난은 많은 이들을 하나님과 멀어지게 했다. 오늘날 '그리 아니하실지라도' 사람들, 즉 고난 중에도, 심지어 그것을 극복하지 못하더라도 하나님을 의지하고 붙드는 이들은 생각보다 드물다. 친구 미첼 리의 이 멋진 책으로 더 많은 이들이 고난 속에서 힘을 얻게 되리라 믿는다.

브라이언 로리츠 서밋 교회 교육목사

저자는 독자들에게 고난 중에 하나님을 찾고, 더 중요하게는, 하나님을 발견할 수 없을 때도 그분을 예배하기로 결심하라고 초대한다. 이 책은 진정한 믿음, 깊은 믿음, 확고한 믿음에 관해 말한다. 개인적 경건과 체험을 넘어, 성경 속 고난받은 이들과 위대한 성도들로부터 물려받은 믿음을 배울 수 있다.

오브리 샘슨 교회개척자, 《아신 바 됨Known》 저자

그들의 그리 아니하실지라도 믿음이

나의 그리 아니하실지라도 믿음을 가능하게 해준

이민 세대에게,

특히 에드워드와 수지에게

3부. 내 삶 속의 그리 아니하실지라도

인생의 깊은 골짜기를 걷는
믿음의 사람들에게

신학교 졸업은 내 인생의 빛나는 이정표이자, 오랜 준비와 기대가 절정에 다다르는 순간이어야 했다. 3년간 매주 월요일과 금요일, 메릴랜드 집에서 노스캐롤라이나 신학교까지 네 시간 반을 통학했다. 원수라도 그런 고통은 겪지 않았으면 좋겠다. 그런 고생을 하면서 나는 마침내 목회 여정의 다음 장으로 넘어가길 고대하고 있었다. 이 기간에 메릴랜드에서 학생 사역을 이끌며 신학 공부도 게을리하지 않으려 애썼다. 이제 완전히 자유롭게 세상으로 나갈 준비가 되어 있었다.

졸업을 앞둔 3월의 어느 날, 우리 교회 담임목사님이 나를 사무실로 부르셨다. 이런 식의 대화는 처음이었기에, 뭔가 특별한 일이 있으리란 걸 짐작했어야 했다.

"졸업이 다가오니 설레나?" 목사님이 조용히 물었다.

"네, 정말 기대됩니다. 제가 지도해온 학생들과 가족들에게 더 집중할 수 있을 것 같습니다."

"그렇군. 학위 취득 후 더 공부할 생각이 있다고 들었는데, 사실인가?"

"언젠가는 그러고 싶습니다. 하지만 구체적인 방향은 천천히 고민해볼 생각입니다."

불편한 정적이 감돌았다. 목사님이 입을 열었다. "음… 자네가 다른 곳으로 옮길 생각이 있다는 얘기를 들었네. 그래서 우리는 새 청소년부 목사를 구했어. 6월부터 새 목사가 사역을 시작할 테니, 자네는 졸업 후 자유롭게 떠나도 좋네."

침묵 뒤에 날아온 한방이었다. 엄청난 충격과 함께 황폐해진 마음, 혼란과 배신감이 밀려왔다. 왜 목사님은 이 소문을 나한테 직접 확인하지 않으셨지? 내가 뭘 잘못한 거지? 어떻게 그냥 묻지도 않고 내 후임을 구할 수 있지? 학생들과 가족들은 어떻게 되고? 여름 선교 여행은? 졸업하고 나면 난 대체 뭘 해야 하지?

바로 그렇게, 나는 신학교 3년 동안 섬기던 교회, 아니 그 이상으로 내가 성장하고 20년 넘게 영적 가족으로 여겼던 곳과 갑작스레 작별했다.

2002년의 비극은 여기서 그치지 않았다. 신학교 재학 중에 나는 한 자매와 교제 중이었다. 우리는 둘 다 오래전부터 결혼을 꿈꿨지만, 시간이 흐르면서 관계가 삐걱거리기 시작했다. 담임목사님과의 충격적인 대화가 있던 그 주말에, 우리 관계도 한계에 다다랐다. 점심을 먹는 동안 그녀는 우리 사이를 갉아먹던 깊은 문제들을 꺼냈고, 곧이어 서로에게 책임을 떠넘기는 비난전이 벌어졌다. 나는 이런 상황에 익숙했고, 상대방을 자책하게 만드는 데 일가견이 있었다. 결국 주문한 음식이 나오기도 전에 우리 관계는 막을 내렸다.

나는 음식값을 계산했고, 우리 관계는 안녕을 고했다. 그리고 그때는 미처 알지 못했지만, 나는 앞으로 2년간 지속될 광야로 걸어 들어가고 있었다.

여자친구와 모교회로부터 거절당한 나는 의기소침하게 신학교 졸업식에 참석했다. 오직 직계가족과 룸메이트들만 내 곁을 지켜주었다. 졸업 연설은 "당신은 세상을 변화시킬 수 있다!"라는 승리의 구호를 신학교식으로 변주하여 "하나님이 당신을 보내셔서 세상을 변화시키신다!"라고 외치고 있었다. 연설을 듣는 내내, 자리에 가만히 앉아 있는 것이 얼마나 괴로웠을지는 상상에 맡긴다.

나를 보내신다고? 분명 하나님이 나를 명단에서 빼먹으신 모양이군! 동기들은 새 목회지를 찾거나 하나님을 섬기러 해외로 떠나고 있었지만, 나는 사역지도, 섬겨야 할 영혼들도 없이 홀로 남겨졌다. 하나님이 정말 우리 졸업생들을 보내시는 게 맞다면, 나는 마치 기차가 역을 떠나는 동안 플랫폼에 홀로 남겨진 신세처럼 느껴졌다.

그해 여름 내내 비난과 원망의 안개가 내 시야를 가렸다. 나는 여러 교회를 떠돌며 이름 없이 예배에 참석하고, 때로는 임시직으로 연명했다. 수입이 필요했기 때문이다. 나는 하나님께 화가 났다. 갓 시작된 내 목회 이력이 꽃을 피우기도 전에 밟아 무너뜨리시는 것 같아 실망이 무척 컸다. 내가 그린 청사진은 이런 모습이 아니었다.

삶의 모든 것이 그토록 갑작스럽게 무너졌다는 충격에, 하나님과 의미 있는 관계를 맺을 힘도, 의지도 없었다. 믿음을 저버리지는 않았지만, 하나님과 거리를 두고 오로지 내 힘으로 상황을 타개하려 애썼다.

생계를 위해, 자포자기한 채 심적으로 매우 불안정했음에도 불구하고 목회 자리를 받아들였다. 모교회에서 쫓겨나게 된 내 교만과 독선을 외면한 채, 내면을 성찰하기보다는 주위 상황을 탓하기로 마음먹었다. 그 골짜기가 실제로 더 깊어질 수 있다는 것을 거의 알지 못했다. 다음 교회에서 내 임기는 정확히 1년간 지속되었고, 다시 한번 갑작스럽게 끝이 났다. 나는 망연자실했다.

교회에서 해고된 후 나는 어머니가 운영하시던 식당에서 월요일부터 금요일까지 아침과 점심을 팔며 일했다. 목회 사역과 관련된 일은 뭐든 하고 싶지 않았다. 뭐랄까, 하나님이나 그분과의 관계는 포기하지 않았지만, 목사가 되라는 부르심을 포기한 것이었다. 너무 힘들고 고통스러웠다. 하나님을 섬길 다른 방법을 찾아낼 거라고, 적어도 나 자신에겐 그렇게 말했다.

하지만 마음 깊은 곳에서, 나는 교만 때문에 자격이 없다고 여졌다. 너무 많은 사람에게 상처를 줬고, 너무 많은 실수를 저질렀다. 주님으로부터 어떤 복도 기대할 수 없었다. 내게 주어진 기회를 날려버렸다고 생각했다. 나는 그렇게 1년 동안 깊은 골짜기에서 살면서, 식당 손님들을 성실히 섬기고 부모님의 사업이 성장하도록 돕는 데 힘썼다.

아무런 열망도, 자격도 없다고 여기던 때 우연히 청교도 리처드 십스를 만났다. 그는 《상한 갈대의 회복*The Bruised Reed*》에서 "상한 갈대를 꺾지 아니하며 꺼져가는 등불을 끄지 아니하고"라는 이사야서 42장 3절을 깊이 묵상한다. 상하고 낙심한 이들, 간신히 그 불꽃을 유지하는 사람들을 향하신 하나님의 긍휼을 붙들고 나는 고민했다. 과연 하나님은 나 같은 사람에게도 긍휼을 베푸실까? 정말 나를 버리지 않으셨을까?

하지만 내가 처한 이 깊은 실망의 골짜기는 어떻게 된 것일까? 내 삶은 하나님의 축복이나 은혜와는 거리가 멀어 보였다. 하나님은 나의 부르심이란 갈대를 꺾고 희미한 불꽃을 아예 꺼버리신 것 같았다.

그분의 섭리로 하나님은 나를 어린 시절 주일학교에서 들었던 이야기로 이끄셨다. 다니엘서 3장을 읽으며, 나는 발음하기 힘든 세 젊은이가 보인 확신에 감동을 받았다. 그들은 처형당할 위기 속에서도 세상에서 가장 강력한 통치자에 맞서 하나님께 충실하겠다고 선언했다. "만일 그럴 것이면 왕이여 우리가 섬기는 우리 하나님이 우리를 극렬히 타는 풀무 가운데서 능히 건져내시겠고 왕의 손에서도 건져내시리이다 그리 아니하실지라도 왕이여 우리가 왕의 신들을 섬기지도 아니하고 왕의 세우신 금 신상에게 절하지도 아니할 줄을 아옵소서"단 3:17-18, 개역한글.

"그리 아니하실지라도"Even if. 이 구절이 내 의식을 뜨겁게 파고들었다. 외롭고 자격 없고 잊혔다 느껴지더라도 계속 하나님과 동행하라고 나를 재촉했다.

본문을 연구하면서 이 선언이 성경 속 수많은 증인의 삶을 통해 울려 퍼졌음을 깨달았다. 하나님이 각 이야기로 나를 빚어가심을 보았다. 두려운 마음을 안고, 은혜로 얻은 새 결심을 품고 나는 선언했다. "다시는 목회하거나 설교하지 못해도 하나님을 예배하겠습니다. 하나님은 충분히 하셨고 예배받기 합당하십니다. 내 삶은 하나님의 것입니다."

내가 정확히 언제 골짜기에서 빠져나왔는지 모른다. 내가 기어오른 건지, 골짜기 자체가 솟구쳐 오른 건지도 분명치 않다. 다만 내 믿음과 하나님과의 동행이 이전과 완전히 달라졌다는 것만은 분명하다. 그 후에도 여러 골짜기를 겪으며 "그리 아니하실지라도"를 말하는 새로운 방식들을 배웠다. 내 뜻대로 하지 않으실지라도 언제나 선하신 하나님을 예배하겠다는 헌신을 선포하는 법을 말이다.

이 책은 골짜기에서 어떻게 하나님을 예배할 것인가에 관한 것이다. 삶이 뜻대로 흘러가지 않아 고군분투하는 이들, 그 상황을 이해하기 위해 안간힘 쓰는 사람들을 위한 책이다. 가느다란 희망으로 믿음에 매달린 현실적 낙관주의자들을 향한 외침이기도 하다.

이 책은 골짜기를 벗어나는 방법을 다루는 책이 아니다. 나 역시 인생의 골짜기를 피하는 설명서나, 믿음을 살리고 절망을 해소하는 마법의 주문을 찾아서 줄 수 있다면 좋겠다. 하지만 나는 그저 다른 이들과 함께 골짜기들을 헤쳐 나오며 하나님이 가르쳐 주신 것들만 나눌 수 있을 뿐이다.

당신이 어떤 이유로 이 책을 읽게 되었든—절망 속에서든, 마지못해 호기심에서든— 우리는 공통된 경험을 공유하고 있다. 축축하고 어둡고 으스스한 깊은 골짜기, 잊힘과 고립의 장소 말이다. 어떤 이에게는 일시적일 수 있지만, 누군가에겐 끊임없이 이어지는 삶의 현실이 되었다. 골짜기에 너무 오래 머물다 보면 그곳이 기준이 되기도 한다. 다른 모든 것을 높이 솟은 산꼭대기처럼 보이게 만든다.

지금 이 순간 당신은 골짜기 한가운데 있을지도 모른다. 얼마나 더 버틸 수 있을지, 얼마나 더 견딜 수 있을지 고민 중일지도 모른다. 실직, 암 선고, 뜻밖의 사고, 사역 실패, 잃어버린 자식, 친구의 배신, 좌절된 꿈으로 인한 실망, 팬데믹… 이 모든 것이 우리를 숨 막히게 하고 구원의 희망으로부터 멀어지게 한다. 이것이 골짜기의 삶이다.

어떤 이들은 골짜기에서 완전히 무너진다. 급소를 강타당한 후에 다시는 일어서지 못한다. 지칠 대로 지쳐 버틸 힘을 잃고,

자신의 처지는 물론 절벽 위에서 행복해 보이는 사람들의 모습마저 시기한다. 그들은 자신을 보호하려 겹겹이 방어 전략을 짠다. 모험을 중단하고 삶의 모든 세부사항을 틀어쥐고 좌지우지해보겠다고 으름장을 놓는다. 누구도, 무엇도 다시는 자신을 상처 입히지 못하게 보호하려는 것이다.

그러나 많은 이들이 패배를 인정하는 그곳에서, 어떤 이들은 새로운 삶을 발견한다. 데이비드 브룩스는 이들을 "두 번째 산의 사람"[1]이라고 부른다. 골짜기로 밀려났다가 두 번째 탄생을 경험한 사람들이다. 고난이 그들을 지혜로 이끌고, 그 지혜는 다시 섬김으로 이어진다. 광야는 그들을 중요하고 성숙한 방식으로 깨뜨린다. 그들은 새로운 차원의 결심과, 알지 못했던 깊은 힘이 저장된 곳을 발견한다. 자아를 초월하고, 믿음은 생명선이 된다. 하나님과의 관계는 더욱 깊어진다. 실망과 좌절, 혼돈은 오히려 하나님을 예배하는 깊은 믿음의 밑거름이 된다. 그렇게 광야는 헌신의 탄생지가 되는 것이다.

예수님은 "내가 온 것은 양으로 생명을 얻게 하고 더 풍성히 얻게 하려는 것이라"요 10:10라고 말씀하셨다. 내가 보기엔 이 말씀은 골짜기의 삶에도 적용된다. 당신이 "그리 아니하실지라도"를 선언할 때 하나님은 그 골짜기에서 풍성한 생명을 주실 수 있다. 무엇이 당신을 골짜기로 밀어 넣었든, 그것이 끝은 아니다. 다니엘서에 나오는 세 젊은이의 담대하고 믿음 충만한 결단처럼, 우리도 자유와 소망, 하나님에 대한 신뢰를 만끽할 수 있다. 실망과 좌절이 우리가 처한 상황을 잠시 설명할 수는 있더라도, 우리를 규정하도록 두어서는 안 된다.

'그리 아니하실지라도' 삶을 경험하려면 해야 할 일이 있다. 쉽지 않을 것이다. 잊고 싶은 길을 되돌아가야 할 수도 있다. 고통스러운 장소를 다시 방문하거나, 까다로운 사람을 기억하거나, 꿈이 깨어진 바위투성이 해변을 걸어야 할 수도 있다. 과연 그럴 만한 가치가 있는지 의문이 들 때도 올 것이다. 두려움과 아픔이 클 수 있다. 하지만 나는 당신이 기꺼이 그리고 용기 있게 하나님을 기억하고, 모든 상황에서 그분을 찬양하며, 그분이 당신을 잊지 않았다고 믿기를 바란다.

우리는 이 선언을 단계적으로 살펴볼 것이다. 먼저, 그 선언의 실체를 살펴볼 것이다. 다니엘서 3장에 나오는 사드락, 메삭, 아벳느고의 이야기를 통해 그들의 '그리 아니하실지라도' 선언이 얼마나 상상을 뛰어넘는 일인지 함께 보게 될 것이다. 그리고 이 선언을 두 가지 기본 요소로 나눌 것이다.

'그리 아니하실지라도' 선언의 기본 요소를 살펴보며, 우리의 헌신을 망치려는 '가짜 가정들'도 밝혀볼 것이다. 삶의 불확실성 앞에서 우리는 종종 혼자 살아가는 듯한 착각에 빠진다. 서서히 믿음을 왜곡시키는 방어 기제를 만들어낸다. 하나님과의 동행에서 앞으로 나아가지 못하게 하는 거짓 선언을 하게 된다. 따라서 당신이 '그리 아니하실지라도'를 선언할 때, 지금까지 가졌던 가짜 가정들을 인식하고 그것을 하나님께 맡기는 것이 중요하다.

마지막으로, '그리 아니하실지라도'의 삶을 어떻게 살 것인지 생각해볼 것이다. 이것이 우리의 일상 습관과 태도에 어떤 의미를 갖는지, 그리고 오늘 우리가 취할 수 있는 몇 가지 실천 단계들을 살펴볼 것이다. 이 모든 것의 궁극적 목표는 삶이 우리를 어디로 이끌든, 함께하시겠다는 하나님의 능력과 선하심을 신뢰하며 용기 있게 살아가는 것이다.

친구들이여, 하나님의 약속은 우리의 인생 이야기를 완전히 바꿀 수 있다.

1부

어쩌면 인생을
뒤바꿀 두 단어

1940년 5월, 독일군은 프랑스를 파죽지세로 점령해 나갔다. 연이은 패배로 지친 영국과 프랑스와 벨기에군이 모인 연합군은 프랑스 북서 해안의 됭케르크Dunkirk를 향해 개미 떼처럼 후퇴했다. 결국 30만 명이 넘는 병력이 됭케르크에서 오스텐더까지 43킬로미터에 달하는 해안선을 따라 모여들었다. 영국 시민들은 해협 너머에서 이 광경을 무력하게 바라보며 사기가 꺾였다.

영국군 지도부는 병사들을 구출할 방법을 찾아 밤을 새웠다. '다이너모 작전'이라 불린 이 계획은 기후, 군사 전법, 순전한 운에 맡겨야만 하는 무모하고 절박한 작전이었다. 윈스턴 처칠은 그중 1만 5천 명만 구해도 다행이라 생각할 정도였다.

조지 6세는 유명한 라디오 연설에서 말 더듬을 극복하고 국민의 결의를 불러일으켰다. 전설에 따르면, 이에 응답해 고립된 영국군은 해협 너머로 "그리고 그리 아니하실지라도"And if not[1]라는 세 단어 메시지를 보냈다. 이는 바벨론 왕에 맞선 세 젊은이의 이야기를 언급한 것으로, 구조되지 못하더라도 독일에 굴복하지 않겠다는 의지였다.

이 짧은 메시지가 사람들을 다시 일으켰다. 시민들은 군인들을 구하기 위해 팔을 걷어붙였다. 상선부터 요트까지, 군인을 태울 수 있는 모든 배가 독일 잠수함과 지뢰를 무릅쓰고 나섰다. 긴박한 나머지 해도도 없이 출항한 배도 있었다. 온 나라가 한마음으로 집중했다.

이것이 "됭케르트의 기적"[2]이었다. 열흘도 안 되어 338,000명이 넘는 부대가 후퇴에 성공했다. 다이너모 작전은 군사 역사상 가장 놀라운 작전 중 하나로 기록되었다. 모든 것은 '그리 아니하실지라도'라는 단순한 메시지로 시작되었다.●

말에는 힘이 있다. 말은 생명을 주기도, 죽음을 가져오기도 한다. 당신은 중요한 순간 누군가의 말이 포기와 지속의 갈림길이 되었던 경험을 기억할 것이다. 때로는 몇 마디 말이 한 민족의 운명을 바꾸기도 한다("나에게는 꿈이 있습니다"를 떠올려보라).[3]

간단한 선언이 수십만 명의 생명과 한 대륙을 구했다. 민족의 회복력에 불을 지폈던 그 말이 당신의 영혼도 소생시킬 수 있다. 이것이 바로 "그리 아니하실지라도"에 담긴 힘이다.

● 정확한 표현은 "그리고 만일 그렇지 않다면"(And if not)이다. NIV는 그 문구를 "비록 그렇지 않다 해도"(Even if)라고 번역한다. 내가 앞에서 언급한 번역은 NIV 버전을 따르는 것이다. 《성경전서 개역개정판》은 "그렇게 하지 아니하실지라도"라고 번역한다.

1장

환난 속의 임재

어린 시절, 나는 "하나님은 너를 사랑하시고 네 삶에 멋진 계획을 갖고 계신다"라는 말을 들었다. 이는 내 삶을 예수님께 드리고 그분을 내 마음에 모셔 들이라는 더 큰 초청의 시작이었다. 예수님을 받아들이면 "하나님이 죄를 용서하시고, 상상하지 못한 방식으로 내 삶을 인도하실 것"이란 약속이 따랐다. 나는 그 초청에 응한 것을 물론 후회하지 않지만, 하나님의 초청에 대해 몇 가지 심각한 오해가 있었음을 깨달았다.

나는 행간을 잘못 읽었던 것 같다. 하나님의 계획에 순종하면 "고통 없고 혼란 없는" 삶을 살 것으로 생각한 것이다. 하나님을 신뢰하니 실망이나 불확실함은 느끼지 않을 것이라고 여겼다. 결국 하나님은 항상 함께 계실 테니까. 단순한 공식이었다.

"나의 신뢰 + 그분의 계획 = 순탄한 항해".

내가 신뢰하고, 하나님은 계획을 갖고 계시니 우리는 만사형
통이다.

당신은 이런 순진한 생각을 들으며 고개를 내젓을지도 모르겠
다. 하지만 뭐 상관없다. 살다 보면 우리의 순진함이 여러 모양으
로 드러나기 마련이다. 나는 따돌림, 극심한 외로움, 부모님의 다
툼, 재정적 어려움을 겪으며 하나님의 계획이 결코 순탄한 항해
가 아님을 비로소 깨달았다.

하나님과 더 깊은 관계를 맺어감에 따라, 그분이 '걱정 없는
삶'을 약속하신 게 아니라는 사실을 깨달았다. 사실 성경은 오히
려 그 반대를 말한다.

우리는 역경을 겪게 될 것이다. 육체적 고통, 슬픔, 실망, 때로
는 단순한 혼란까지, 다양한 형태의 역경이 우리 삶을 강타한다.
당신도 자신만의 고난을 겪어봤을 것이다. 어쩌면 지금 그 한가
운데 있을지도 모른다. 인생이 원하던 대로 흐르지 않아 환멸을
느끼고 상처받았을 수 있다. 다른 이들은 다 순조롭게 나아가는
데 혼자만 곤경에 빠졌다는 느낌도 든다. 또는 코로나19를 지나
며 확실하다고 여겼던 것들에 의문을 품게 되었을 수도 있다.

당신이 겪어온 혹은 겪고 있는 시련이 당신에겐 놀라운 일이
겠지만, 예수님께는 그렇지 않다. 그분은 십자가에 못 박히기 직
전 제자들과의 마지막 대화에서 이렇게 약속하셨다. "이것을 너
희에게 이르는 것은 너희로 내 안에서 평안을 누리게 하려 함이
라 세상에서는 너희가 환난을 당하나 담대하라 내가 세상을 이기

었노라"요 16:33. 예수님은 당신의 임재하심을 약속하시면서도, 고난 또한 있으리라는 점을 분명히 하셨다.

제자들은 세상의 온갖 반대와 괴롭힘을 겪을 것이며, 우리도 그러하다. 이런 우리에게 예수님은 "담대하라"고 하신다. 이는 용기를 내어 굳건히 서라는 뜻이다. 세상을 이기신 그분이 함께 계시기에, 환난 중에도 신뢰하라고 하신다.

아마도 당신 역시 나와 마찬가지로, 예수님의 임재는 기쁘게 받아들이면서도 환난이 닥칠 것이라는 사실은 그리 반갑지 않을 것이다. 우리는 문제 없이 예수님의 임재만 누리고 싶어 한다. '문제만 안 주시면 신뢰하는 법을 잘 배울 수 있어요. 좋은 일만 일어나게 해주세요. 그럼 하나님을 신뢰할게요!'라고 생각한다.

환난이 올 것이라는 약속을 기꺼이 받아들이지 못하는 마음이 있으면 이런 의문이 들 수밖에 없다. "과연 나는 하나님을 신뢰한다는 것의 진정한 의미를 깨달았는가?" 인정하기 싫지만, 어린 시절의 그런 생각들이 여전히 교묘하게 내 관점을 좌우하고 있을지 모른다. 삶의 어려움이 닥칠 때마다 이런 면이 드러난다. 인생이 나를 뒤흔들 때마다, 이 부서진 세상 속에서 내 믿음이 갖는 진정한 의미가 무엇인지 되새기게 된다.

나는 충격을 받는 것이 '비극적인 다른 선택지'보다는 낫다고 본다. 원한을 품고 냉소적이 되어 삶 자체를 의심하게 되는 것보다는 말이다. 나는 그런 사람들을 만난 적이 있다. 누구의 도움도 거부하는 까다로운 사람, 자신의 실패를 모두 남 탓하는 친구, 모든 이가 자기 자리를 노린다고 여겨 불안해하며 절대 사과하지 않는 상사, 세상이 자신에게 빚진 것처럼 여기는 분노한 가족 등이 그들이다.

비관주의와 불신은 삶의 활력을 앗아간다. 마치 최신형 노이즈 캔슬링 헤드폰을 착용한 것처럼, 어떤 이들은 인생에서 자신이 듣고 싶어 하는 단 하나의 사운드트랙에만 귀 기울인다. 항상 불순한 동기를 찾거나 다가올 나쁜 일을 예상한다. 감사는 사라지고, 언제나 함정을 의심한다. 평화나 기쁨의 순간에도 반드시 대가를 치르게 될 것이라고 여긴다.

냉소적인 사람들은 하루아침에 그렇게 된 게 아니다. 걱정거리와 실망을 겪을 대로 겪으며 마음이 굳어진 것이다. 한때는 그들도 희망을 품고 살았다. 하지만 너무 자주 좌절한 나머지, 그나마 기대를 버리는 게 최선의 방어가 되었다. 그들은 소망을 품기를, 노력하기를 그만뒀다. 예측이 가능한 괴로움을 택했다. 그들은 적어도 그것이 부질없는 희망을 품는 것보다는 낫다고 판단했기 때문이다.

고난 속에서 하나님을 발견하려면

이러한 것들이 당신의 유일한 선택지인가? 인생의 좌절에 계속 쓰러져 냉소적이 되거나, 그저 실망하게 될 거라고 기대조차

품지 않은 것? 하나님이 당신에게 더 나은 제3의 대안을 제공하신다고 나는 믿는다. 바로 인생이 죽을 만큼 힘겨울 때조차 하나님을 신뢰하는 것이다. 하나님과의 관계에서 항상 좋은 날씨만 있어야 하는 건 아니다. 오히려 인생의 폭풍이 당신의 꿈과 계획, 기대를 뒤엎을 때조차 하나님은 당신의 믿음을 더 깊게 하실 수 있다. 인생이 어떤 시련을 던져도, 단순히 참고 견디는 것을 넘어 하나님을 신뢰하며 앞으로 나아갈 수 있다.

당신은 다른 이에게서 이런 깊은 믿음을 목격한 적이 있는가? 암 환자이면서도 마치 병에 담아 나눠 주면 좋겠다고 생각할 만큼의 순전한 믿음을 그 저수지에서 끊임없이 길어 올리는 듯한 사람에게서. 또는 엄청난 고난을 겪고도 여전히 어린아이 같은 순수함과 따뜻함을 간직한 노인에게서. 나는 소외된 이들을 위해 오랫동안 헌신해온 동료들의 회복력과 불굴의 의지에 가슴이 뭉클해진 적이 많았다. 이런 사람들이 바로 우리의 영웅이다. 우리도 그들을 닮고 싶어 한다.

나는 우리도 그렇게 될 수 있다고 믿는다. 하지만 지름길은 없다. 내가 말하는 믿음은 역경 속에서 예수님의 임재에 매달릴 때 형성된다. 고난 중에 예수님께 매달린다는 것은 그 고난을 받아들인다는 뜻이다. 그렇기에 어려움이 우리를 자유롭게 할 수 있는 것이다. 다행히도 우리가 고난을 만들어낼 필요는 없다. 살다 보면 고난은 자연스럽게 찾아오기 마련이기 때문이다.

이러한 과정은 쉽지 않다. 때로는 우리의 인내심과 의지력을 시험할 것이다. 하지만 이 과정을 통해 우리는 더 강해지고, 더 깊은 믿음을 갖게 된다. 우리가 겪는 모든 어려움은 우리를 성장시키는 기회가 될 수 있다.

삶을 변화시키는 진리는 우리가 상황에 그저 내던져지는 게 아니라, 우리를 인도하시고 놀라운 계획을 가진 하나님의 자비에 맡겨진다는 데 있다. 고난 속에서 하나님을 발견하려면 관점의 변화, 자기 성찰 그리고 큰 용기가 필요하다.

우리는 하나님이 누구시며 우리를 위해 무엇을 하셨는지 계속 상기해야 한다. 그렇게 하면 위기 상황에서도 자연스럽게 믿음으로 반응하는 습관을 기르게 된다. 이 힘이 삶의 모든 순간을 좌우한다. 내가 말하는 이런 믿음은 다음과 같은 모습으로 표현된다.

- 전에 없던 방식으로 하나님을 신뢰하기로 결심한다.
- 견딜 수 있으리라 생각지도 못한 어려움을 견뎌낸다.
- 초자연적인 평안과 소망으로 다른 이들을 축복한다.

이러한 믿음은 간단하지만 강력한 선언에서 비롯될 수 있다. 나는 어두운 광야의 한가운데서 오가지도 못한 채 홀로 서 있었다. 하지만 그 골짜기에서 하나님은 생명을 주는 두 마디 말씀으로 나를 소생시키셨다. 그것은 어린 시절 주일학교에서 들었던 이야기 속의 두 단어였다. 이 고백은 내 인생의 변화를 일으키는 계기가 되었고, 지금도 여전히 그렇게 작용하고 있다.

결과가 확실하지 않더라도

처음 다니엘 이야기를 들었을 때, 나는 별로 관심이 가지 않았다. 하지만 주일학교 선생님이 끝까지 얌전히 앉아 있으면 사탕을 주겠다고 하자 귀가 쫑긋해졌다. 선생님은 검은 부직포 판과 오려낸 그림들로 바벨론에 있던 다니엘과 세 친구 이야기를 들려주었다. 그때는 이것이 어린이 사역의 최첨단 기법이었다. 일종의 아날로그 파워포인트였다.

선생님은 강력한 왕에게 용감히 맞선 바벨론의 세 청년 이야기를 들려주었다. 그들은 하나님을 신뢰했기에 타는 풀무에서 기적적으로 구출되었다. 선생님은 "사드락, 메삭, 아벳느고처럼 예수님 편에 설 사람?"이라고 물었고, 우리는 한 명씩 일어나 충성을 선포했다. "나는 어떤 불이 와도 하나님을 믿겠습니다!" 우리 모두가 외쳤고, 그 후 사탕을 받았다. 간단했다. 이 이야기에서 가장 인상 깊었던 장면은 불길 속에서도 멀쩡한 세 청년이 예수님—어떤 상황에서도 불에 삼켜지지 않는 주님—과 함께 서 있는 모습이었다. 그 이미지는 오래도록 내 기억에 남았다.

성경은 어린아이의 믿음을 키우기에 충분할 만큼 상상력을 자극하는 단순함이 있다. 하지만 동시에 데이비드 브룩스의 말처럼 깊이 있는 내용도 담고 있다. "이 이야기들은 계속 되살아났다. 마치 시간의 연금술로 재형성된 듯 변화되어, 더 크고 깊어지고, 더 환상적이고 놀라워졌다."[1]

나 자신의 풀무불 같은 시련을 겪어내면서, 세월이 흘러갈수록 그 주일학교 이야기는 내게 더욱 깊은 의미로 다가왔다. 다니엘서 3장의 드라마에 담긴 감정과 긴장을 상상하며 자세히 살펴보니, 세 청년의 반응은 그들이 불 속에서 기적적으로 구출된 것만큼이나 놀라웠다.

느부갓네살은 바벨론의 왕으로, 당시 세상에서 가장 강력한 권력자였다. 그는 유다의 작은 왕국을 포함한 모든 경쟁 세력을 정복했다.● 이전의 초강대국 앗수르도 예루살렘을 점령하지 못했지만, 바벨론은 예루살렘을 포위하고 점령해 하나님의 백성을 그 땅에서 강제로 추방해버렸다.

느부갓네살은 세상을 쥐락펴락했지만, 더 큰 갈채를 원했다. "내가 최고니 모두가 인정해야 해!"라는 생각에, 그는 거대한 신상을 세우고 제국의 관리들을 모아 봉헌식을 열었다. 느부갓네살 주제가에 맞춰 모두가 절하게 했다. 이는 전제 권력의 과시와 화려한 안무 그리고 강제된 충성이 뒤섞인 정치적 예배의 극치였다.

모든 게 순조로웠다. 느부갓네살은 백성이 엎드려 절하는 모습에 도취되었다. 하지만 세 고위 관리, 사드락, 메삭, 아벳느고는 절하길 거부했다! 이들은 느부갓네살이 직접 임명한, 정복지 예루살렘 출신이었다. 이는 배신에 모욕을 더하는 일이었다.

● 느부갓네살은 알지 못했지만, 실제로는 유다의 지속적인 반역과 신실하지 못함으로 인해 유다를 그의 손에 넘겨주신 것이었다.

격노한 왕은 세 청년을 풀무불 앞으로 불러 해명을 명령했다. 어떻게 감히 왕의 직속 관리가 칙령을 무시할 수 있단 말인가? 혹시 오해가 있었을지도 모른다. 이 바벨론 관리들은 그 자리에 없었고, 통역 과정에서 뭔가 빠졌을 수도 있다.

왕은 확인하고자 했다. "사드락, 메삭, 아벳느고야 너희가 내 신을 섬기지 아니하며 내가 세운 금 신상에게 절하지 아니한다 하니 사실이냐"단 3:14.

이 세 관원은 절을 거부함으로써 바벨론이 공인한 예배에 불참했다. 이는 단순한 문화적 거부나 개인적 취향의 표현이 아니었다. 그것은 왕에 대한 명백한 반역 행위였다.

느부갓네살은 위협했다. "이제라도 너희가 준비하였다가 나팔과 피리와 수금과 삼현금과 양금과 생황과 및 모든 악기 소리를 들을 때 내가 만든 신상 앞에 엎드려 절하면 좋거니와 너희가 만일 절하지 아니하면 즉시 너희를 맹렬히 타는 풀무불 가운데에 던져 넣을 것이니…"3:15.

그는 수사적 질문으로 위협을 마무리했다. "… 능히 너희를 내 손에서 건져낼 신이 누구이겠느냐"15. 이는 "나를 거부하면 누가 너희를 구할 수 있겠느냐?"는 뜻이었다. 세상 최고의 권력자가 위엄을 과시하며 절대적인 복종과 맹목적 충성을 요구했다.

이런 직접적인 위협 앞에서 젊은이들의 대답은 더욱 충격적이었다. 그들은 저항과 사실 진술을 섞어, 이 일에 대해 왕에게 "대답할 필요조차 없다"라고 단언했다. 답은 너무나 명백해서 설명이 불필요하다고 여겼던 것이다.

"왕이여 우리가 섬기는 하나님이 계시다면 우리를 맹렬히 타는 풀무불 가운데에서 능히 건져내시겠고 왕의 손에서도 건져내시리이다 그렇게 하지 아니하실지라도 왕이여 우리가 왕의 신들을 섬기지도 아니하고 왕이 세우신 금 신상에게 절하지도 아니할 줄을 아옵소서"3:17-18.

느부갓네살의 최후통첩에 그들은 동등하게 단호한 선언으로 맞섰다. "우리 하나님이 우리를 구하지 않으실지라도 우리는 절대 다른 신을 섬기거나 왕께 절하지 않을 것입니다." 그들은 눈앞의 위협을 전혀 개의치 않았다. 이는 순진한 낙관론이나 맹목적 믿음이 아니었다. 그들은 타오르는 불길의 열기 속에서 왕을 거부했다.

그들의 대답은 두 부분으로 나뉘며, 성경에서 가장 강력한 선언 중 하나로 꼽힌다.

1. 그들을 구할 수 있는 선하신 하나님에 대한 **확신**
2. 하나님이 그리 하지 않으실지라도 하나님을 섬기겠다는 **결의**

즉, 그들이 섬기는 하나님은 눈앞의 왕보다 더 강력하시다. 그들의 하나님은 왕의 명령을 무효화하고 위협을 무력화할 수 있으시다. "우리 하나님은 왕의 신보다 위대하십니다." 참으로 대담한 선언이다. 생명을 건 담대한 믿음의 표현이다.

그런데 이 이야기는 예상치 못한 방향으로 전개된다. 그들은 하나님이 구원하실 수 있다고 선언할 뿐만 아니라, 전능하신 하나님이 구원의 능력을 보이지 않으시더라도(겉보기에는 느부갓네살의 승리처럼 보일지라도) 다른 어떤 존재에게도 충성하지 않겠다고 선언한다. 하나님의 행동 여부와 상관없이, 그들의 충성은 오직 하나님께 있다는 것이다. 따라서 왕이 아무리 분노해도, 그들은 왕에게 굴복하지 않을 것이다.

그리 아니하실지라도. 이 두 단어는 당신의 기대를 바꾸고 믿음을 강화한다. 이 선언은 결과가 불확실할 때도 불 앞에 서서 하나님을 신뢰하도록 돕는다. 이는 현재의 압박이나 실망에 굴하지 않겠다는 의지의 표현이다. 그래서 이는 고난 속에서 하는 놀라운 선언이다. 모든 상황이 의심과 타협을 정당화하는 듯 보일 때, 이 선언은 확신과 결단을 드러낸다.

그들이 애초에 어떤 과정을 거쳐 바벨론에 오게 되었는지를 고려하면, '그리 아니하실지라도' 선언은 더욱 놀라운 것으로 다가온다.

그들은 하나님을 신뢰하기로 했다

오랫동안 경고가 있었지만, 아무도 진지하게 받아들이지 않았다. 예레미야의 비관적이고 반애국적인 예언은 가짜 선지자들에 의해 무시되었고, 그들의 논리는 더 설득력 있어 보였다. 하나님의 도성, 그분이 거하시는 곳은 절대 함락되지 않을 것이라고 했다. 하나님은 백성의 우상 숭배와 신실하지 않음에도 불구하고 절대 그들을 버리지 않으신다고 했다.

북쪽에서 새로운 위협—먼 바벨론의 군대—이 들려올 때조차, 삶은(그리고 하나님에 대한 신실하지 않음은) 계속되었다. 그러던 어느 날, 유대 광야의 지평선에서 한 그림자가 커지기 시작했다. 점들은 말과 병거의 모습으로 변했고, 전쟁 병기들이 성읍을 향해 진군하면서 먼지구름이 하늘 높이 피어올랐다.

거짓 선지자들은 모두가 보고 있는 현실, 즉 예레미야의 메시지가 실현되고 있다는 사실을 완강히 부정했다. 그들은 자신들의 편협한 시각과 이기적인 욕망에 사로잡혀, 눈앞의 진실을 외면했다. 이들은 하나님이 그분의 성을 지키심으로써 항상 그 이름의 영광을 수호하실 것이라고 장담했다.

하나님이 자기 백성을 심판과 포로 생활에 넘기신다는 이야기들은 모두 공포를 조장하는 전략일 뿐이라고 했다. 바벨론은 이전의 자칭 침략자들처럼 곧 물러갈 것이라고 주장했다. 그들은 역사의 표면적인 패턴만을 보고, 하나님의 더 깊은 뜻과 계획을 간과했다.

그리고 마침내 성읍이 함락되었다. 성전은 약탈당했고, 여호야김의 아들 여호야긴왕은 사로잡혔다. 바벨론의 일반적인 정책에 따라, 다니엘과 그의 친구들 사드락, 메삭, 아벳느고를 포함한 모든 유망한 젊은이들이 끌려가 바벨론 문화를 배우고 동화되었다. 그들은 이름을 바꾸고, 새 언어를 배우며, 재교육을 통해 바벨론 정부에서 직책을 맡게 되었다.

이 모든 과정에서 이제 진실로 밝혀진 예레미야의 예언이 울려 퍼졌다. "예루살렘으로 돌아올 생각은 하지 말라. 바벨론에 집을 지어라. 돌아오기까지는 오래 걸릴 것이다"렘 29:4-10 참고.

이제 사드락, 메삭, 아벳느고(다니엘은 다른 곳에서 다른 방식으로 저항 중이었다)가 자신들을 사로잡은 자 앞에 서서 하나님에 대한 확신을 선언하는 장면으로 가보자.

이 세 청년은 과거에 하나님께서 그들을 구원하지 않으셨음에도, 어떻게 하나님의 구원하시는 능력을 여전히 신뢰할 수 있었을까? 예루살렘을 멸망시킨 바로 그 왕 앞에서 어떻게 그렇게 확신에 찬 믿음을 선언할 수 있었을까? 그들을 외면한 듯한 하나님을 향해 그들도 등을 돌렸다면 오히려 이해할 만했다. 하지만 그들의 반응은 전혀 달랐다.

이는 하나님을 믿는 모든 이가 맞닥뜨리게 될 시험이다. 기대는 무너지고, 약속은 지켜지지 않으며, 축복은 사라지고, 기도는 응답되지 않는다. 우리는 낙심에 빠진다.

사람들은 이런 도전에 다양하게 반응한다. 어떤 이들은 반항적으로 믿음을 포기한다. 자신을 버리는 듯한 하나님을 감정적으로 예배할 수 없어서다. 하나님의 침묵은 그들을 낙심시켜 무감각하게 만든다. 플레밍 러틀리지의 말처럼, "하나님의 진노조차 그분의 부재보다는 나을 것이다".[2] 이런 고난을 겪는 이들은 하나님을 버리고 다른 힘의 원천을 찾는다. 자신의 능력이나 주변 사람들 또는 그럴듯한 다른 구세주들을 말이다.

또 다른 이들은 믿는 척하며 자신의 믿음을 길들인다. 명백한 거부 대신 조용한 체념이 시작된다. 그들은 하나님을 완전히 버리진 않지만, 어느 정도 거리를 둔다. 주일 예배에 형식적으로 참석하거나 다른 신자들과의 관계는 유지하면서 겉으로는 하나님을 인정할지 모르지만, 실상은 자신을 신으로 여기며 살아간다. 정말 중요한 일에서는 하나님에게 의존하지 않는 선에서 그분을 따른다. 그들은 이러한 삶의 방식이 더 효율적이라고 믿게 된 것이다.

하지만 사드락, 메삭, 아벳느고는 다른 길을 택했다. 그들은 하나님을 신뢰하기로 했다. 그들이 받는 이익 때문이 아니라 하나님이 누구시고 무엇을 하실 수 있는가 하는 것 때문이다. 팀 켈러는 그들의 선언이 거의 역설적 성격을 띤다고 말했다.[3] 그들은 하나님의 구원 능력을 믿으면서도, 구원받지 못할 가능성을 기꺼이 인정했다. 얼핏 보면 모순되어 보인다. 어떻게 하나님을 신뢰하면서도 그분이 우리 뜻대로 하지 않으실 수 있음을 받아들일 수 있을까?

하지만 이것이 핵심이다. 확고한 믿음이란 그분이 우리 생각대로 하지 않으셔도 우리의 유익을 위해 일하고 계신다고 믿는 것이다. 이런 믿음에서 '그리 아니하실지라도' 선언이 나온다.

'그리 아니하실지라도' 선언의 기초

나는 손재주가 뛰어나지 않다. 이케아 가구 정도는 설명서대로 조립할 수 있지만, 그 외엔 능숙한 기능공과는 거리가 한참 멀다. 그림도 똑바로 걸려면 여러 번 시도해야 하고, 전자제품이나 배관은 말할 것도 없다. 하지만 나는 다른 종류의 것들을 세워왔다. 사역, 팀, 조직 등이다. 그러므로 무언가를 잘 세우려면 견고한 기초가 필수라는 사실에는 무척 익숙하다.

우리 믿음도 마찬가지다. 예수님은 견고한 토대 위에 삶을 세운다는 비유를 말씀하셨다눅 6:46-49. 예수님께 나아가 그 말씀을 듣고 행하는 사람은 반석 위에 집을 짓는 사람과 같다. 폭풍이 와도 그 집은 무너지지 않을 것이다. 꽤 명료한 원리다.

하지만 우리는 이 견고한 믿음에서 미묘하게 벗어나고 있는 것 같다. 현대 사회에서 자립과 개인의 행복 추구가 최고의 가치로 여겨지면서, 예수 그리스도 위에 믿음을 세우는 일이 단순히 개인적인 선택으로 축소되고 있다. 마치 예수님을 우리 삶의 한 요소로, 최신 예배 앨범과 함께 즐기는 커피 한 잔처럼 가볍게 대하는 경향을 말하는 것이다. 우리는 여전히 예수님 위에 터를 세우고 있다고 믿지만, 이런 접근은 본질적인 약점을 드러낸다. 그 결과, 우리의 믿음은 예수님에 대한 개인적 경험과 감정에 지나치게 의존하게 되어, 그 이상으로 깊어지거나 강해지지 못하는 한계에 부딪히게 된다.

사드락, 메삭, 아벳느고는 개인적 경험을 초월하는 믿음을 드러내 보였다. 그들의 헌신은 눈앞의 상황보다 더 깊은 원천에서 나왔다. 그것이 불 앞에서도 하나님을 신뢰할 수 있는 확신을 주었다. 그들의 믿음은 오래전 하나님의 역사하심에 근거했다.

그들은 출애굽 당시 하나님께서 백성을 구원하시고 광야에서 그들의 필요를 공급해 주신 것을 기억했을 것이다. 또 이전 세대를 앗수르에서 구원하신 일도 떠올렸을 것이다. 그들은 하나님의 기적적인 구원과 신실한 언약의 사랑에 대해 반복해서 들어왔다.

이 모든 기억은 하나님의 성품과 능력을 드러내는 장엄한 태피스트리를 짜냈다. 개인적 체험을 뛰어넘어, 세대를 가로지르는 하나님의 신실함과 전능함의 증거들이 하나의 그림처럼 전개된 것이다. 그들의 삶을 훨씬 뛰어넘는 역사였다. 그것은 개인적 경험이 없어도 확신에 찬 경건함을 가질 수 있게 했다.

이것이 '그리 아니하실지라도' 선언의 기초다. 성경과 선배 성도들의 객관적 역사적 증거다. 사드락, 메삭, 아벳느고가 굳건히 섰던 그 믿음의 반석 위에 당신도 서 있을 수 있다. 당신의 믿음은 단순한 개인적 경건이나 가치관, 경험을 넘어선다. 하나님은 인류 역사 전체를 통해 깊고 강력한 방식으로 사람들을 인도하고 공급해오셨다. 가장 어두운 때에도 하나님의 흔적은 곳곳에서 발견된다. 이를 기억하는 것은 하나님을 아는 데 큰 차이를 만든다. … 특히 불같은 시험에 직면했을 때 말이다.

세상에서 가장 강력한 사람 앞에 서서, 땀으로 눈을 가늘게 뜨고, 풀무의 열기로 얼굴이 달아오른 상태에서도 사드락, 메삭, 아벳느고는 여전히 확신에 차 있었다. 하나님은 그들을 불에서 구하실 수 있었다. 그분은 세대를 거듭해 신실하게 구원을 베푸셨기 때문이다. 하나님은 전능하시기에 그들을 구원하실 수 있었다. 그리고 그렇게 하지 않으시더라도, 하나님은 여전히 예배받기에 합당하신 분이셨다.

하나님에 대한 그들의 확신은 놀라웠다. 하지만 그들의 상황이 오늘날 우리가 직면한 상황보다 특별히 더 예외적이진 않다. 적대감과 정치적 긴장, 암, 가정 붕괴, 박해, 테러, 무력 충돌이 증가하는 세상에서, 우리도 하나님이 구원하실 수 있다는 동일한 확신을 가질 수 있을까? 당신의 믿음을 지탱하는 하나님의 위대한 행적들은 무엇인가? 그 안에서 하나님은 당신의 예배를 받기에 합당하신가?

환난 속의 임재

느부갓네살은 그들의 결연한 저항에 격분했다. 이해할 만하다. 내 자녀들이 그렇게 반응했다면 결과가 좋지 않았을 것이다. 다니엘서 3장은 왕이 "얼굴빛을 바꾸[었다]"라고 전한다. 조금이나마 있었을 자비나 공감의 기색은 사라졌다. 왕은 풀무를 평소보다 일곱 배나 뜨겁게 하라 명령했다. 너무 뜨거워 세 사람을 던지는 호위 대원들까지 목숨을 잃었다. 세 젊은이의 절제된 대답과 달리, 왕의 보복은 격노로 불타올랐다. 왕은 그들이 고통받기를 원했고, 다른 자들의 피해에도 아랑곳하지 않았다.

그리 아니하실지라도 선언이 상황을 완화시키지는 않았다. 오히려 더 악화시켰다. 이 선언은 마법의 부적이 아니다. 사드락, 메삭, 아벳느고에게도 그렇게 작용하지 않았다. 하나님에 대한 신뢰와 결의 선언은 그들을 위험에서 면제해주지 않았다. 오히려 문자 그대로 열기를 더할 따름이었다. 그들의 선택은 대결이 되었다. 자칭 신과 참 하나님 간의 대결이었다. 중간 입장이나 타협은 불가능했다. 절하거나 불에 타거나, 둘 중 하나였다.

결과는 어땠을까? 하나님은 실제로 그들을 구원하셨다. 느부갓네살은 불 속에서 네 번째 사람을 보았다. "신들의 아들과 같〔은〕" 존재였다. 이 신적 인물은 세 사람과 함께 서서 그들을 완벽히 보호했다. 옷조차 그을리지 않고 불탄 냄새도 나지 않았다. 기꺼이 불 속으로 걸어 들어갔던 이들은 학자들이 말하는 하나님의 현현을 경험했다. 그들은 구원을 넘어 하나님의 임재 자체를 얻었다.

왕은 자신의 패배를 인정했다. 그는 즉석에서 선언했다. "사드락과 메삭과 아벳느고의 하나님을 찬송할지로다 그가 그의 천사를 보내사 자기를 의뢰하고 그들의 몸을 바쳐 왕의 명령을 거역하고 그 하나님 밖에는 다른 신을 섬기지 아니하며 그에게 절하지 아니한 종들을 구원하셨도다"3:28.

느부갓네살의 찬송에는 두 가지 주목할 만한 요점이 담겨 있다.

첫째, 세상에서 가장 강력한 존재가 더욱 위대하신 분의 구원의 권능을 시인했다. 하나님은 왕의 질문 "능히 너희를 내 손에서 건져낼 신이 누구이겠느냐"15에 답하며 그의 종들을 구원하셨다. 세 젊은이의 확신에 찬 선언—"우리가 섬기는 하나님이 계시다면 우리를 맹렬히 타는 풀무불 가운데서도 능히 건져내시겠고 왕의 손에서도 건져내시리이다"17—은 사실임이 입증되었다.

둘째, 왕은 그들이 구원의 하나님께 헌신한 것을 칭찬했다. 이는 주목할 만한 통찰이다. 느부갓네살은 그들의 저항이 단순한 고집이나 체념적 허무주의가 아님을 보았다. 또한 죽음을 부인하는 순진한 승리주의적 믿음도 아니었다. 그들은 다른 이를 섬기느니 기꺼이 죽을 각오가 되어 있었다. 역설적으로, 왕 자신이 그들 행동의 진정한 동기를 설명했다. 그들이 절하기를 거부한 것은 더 위대한 하나님에 대한 더 깊은 헌신 때문이었다.

느부갓네살은 제국 전역에 선포했다. 누구도 사드락, 메삭, 아벳느고의 하나님을 모독해서는 안 된다고 했다. '이같이' 사람을 구원할 수 있는 다른 신이 없기 때문이다29. '이같이'란 어떤 방식을 말하는가?

하나님은 그 젊은이들을 기적적으로 불에서 지킬 수 있었다. 불을 꺼트리거나 왕의 마음을 바꾸실 수도 있었다. 엘리야와 바알 선지자들의 대결에서 젖은 나무에 불을 붙이신 하나님이라면 왕상 18장, 분명 불이 타는 것도 막으실 수 있었을 것이다. 하지만 세 젊은이는 풀무에 들어가야 했다. 하나님은 그들이 풀무에 던져지도록 허락하셨다. 상황을 바꾸는 대신, 그 상황 속에서 자신의 임재를 드러내셨다. 예수님의 약속을 기억하는가? 그렇다. 이것은 "환난 속의 임재"다.

하나님은 자주 이런 방식으로 일하신다. 실제로 성경의 다른 부분에서 하나님은 이스라엘의 포로 생활과 그들을 어떻게 구원하실지를 예언하는 일에 이사야를 보내셨다.

> 네가 물 가운데로 지날 때에 내가 너와 함께 할 것이라
> 강을 건널 때에 물이 너를 침몰하지 못할 것이며
> 네가 불 가운데로 지날 때에 타지도 아니할 것이요
> 불꽃이 너를 사르지도 못하리니 _사 43:2.

"혹시 if 불 가운데로 지나게 된다면"이 아니라 "불 가운데로 지날 때에 when"라고 말한다. 그렇게 불 속에 있더라도 당신은 타지 않을 것이다. 소멸되지 않을 것이다.

하나님은 때로 우리가 불을 겪게 하신다. 어려움이나 불확실함(인생의 불들)에 직면할 때, 우리는 본능적으로 상황을 바꾸려 한다. 하나님께 불을 꺼달라고, 열기를 낮추거나 왕의 마음을 바꿔달라고, 풀무의 문을 닫아달라고 구한다. 상황 속에서 하나님을 더 아는 것이 아니라 상황 자체를 바꿔 달라고 얼마나 자주 구했던가?

이런 사고방식이 얼마나 자연스러운지 한 가지 예를 들어보자.

최근 누군가와 어떤 문제에 대해 이야기했을 때를 떠올려보라. 받은 조언 대부분은 상황을 "어떻게 바꿀 것인가"와 관련됐을 것이다. 아마 관계를 끊고 부정적인 것에서 벗어나라고 제안했을 수도 있다. 혹은 다르게 행동하기 위해 필요한 것이 무엇인지 지적했을 수도 있다. 우리가 받는 조언 중 "인내하며 견뎌내라"는 내용은 거의 없다.

하나님은 우리에게 불을 지나게 하심으로 그분의 능력뿐 아니라 임재를 체험하게 하신다. 괴로움 속에서 우리와 함께 계심으로 그분의 돌보심을 보여주신다. 고난 없는 삶을 만들어주는 요술램프의 지니가 아니라, 우리를 사랑하사 관계로 부르시는 하나님으로서 그렇게 하신다.

가장 힘겨운 상황에서도, 우리는 '그리 아니하실지라도'를 선언할 기회를 갖는다. 한 손에는 우리를 구원하실 수 있는 하나님에 대한 확신을, 다른 손에는 그분이 그리 하지 않으실지라도 여전히 섬기리라는 결심을 들고서 말이다.

'그리 아니하실지라도'는 믿음과 불확실함 모두에 대한 선언이다. 예측 불가능하고 어려운 세상 속에서 우리 삶에 관심을 두시는 하나님에 대한 믿음과 소망을 표현하는 방법이다. 비록 하나님이 항상 우리 환경을 바꾸지는 않으실지라도, 그분의 임재는 불 속에서 우리를 변화시킬 것이다.

다른 어떤 신도 이런 식으로 구원하지 않는다. 이는 바벨론 풀무불에만 해당되는 게 아니다. 하나님은 세 젊은이뿐 아니라 모든 인류를 구원하셨다. 그 방법을 보라. 하나님이 임마누엘로 오셨다. 임마누엘은 "하나님께서 우리와 함께 계신다"는 뜻이다. 하나님은 이 세상의 고통과 고난을 경험하셨고, 태초에 모든 것을 망가뜨린 죄를 대신해 돌아가셨다.

예수님께서는 이 세상의 풀무불 한가운데로 성큼 걸어 들어오셨다. 우리와 함께 고난을 겪으신 것이 아니라, 우리를 대신해 그 고난을 감당하셨다. 우리의 죄사함을 위해 고난의 풀무에서 버려지기로 선택하셨다. 부활 후 승천하시기 직전, 이렇게 약속하셨다. "볼지어다 내가 세상 끝날까지 너희와 항상 함께 있으리라"마 28:20. 이는 모든 골짜기와 불 속에 있더라도 우리가 '그리 아니하실지라도'를 확신 있게 선언할 수 있음을 의미한다. 그 하나님은 우리가 상상할 수 없는 방법으로라도 구원하시는 분이다.

하나님을 믿는 믿음이 우리에게 주는 것이 바로 이것이다. 우리가 어디에 있든 변화의 가능성과 기회를 주는 것이다. 이 믿음을 어떻게 살아내야 할지 구체적으로 보기 전에, '그리 아니하실지라도' 선언의 두 부분을 더 자세히 살펴보자.

2장

안전하진 않지만
선하신 하나님

한국인 이민자인 부모님은 함께 작은 사업체를 운영하셨다. 쉬는 날이 드물었기에, 여섯 번째 생일 직전 여름날 아빠가 가게를 열지 않겠다고 하셨을 때 놀랐다.

"오늘은 수영하러 가자"라고 아빠가 말했다.

"좋아요! 하지만 난 수영할 줄 모르는데요."

"괜찮아. 아빠가 가르쳐줄 좋은 기회니까." 아빠는 자신감 넘치는 목소리로 말씀하셨다.

엄마는 필수품들을 챙기셨다. 수건, 선크림, 그리고 당연히 풍성한 점심 도시락과 핵전쟁에도 버틸 만큼 충분한 간식들…. 자기 식당을 가진 사람의 특권이었다.

당시에는 아직 어린이용 수영복에 구명장치가 기본으로 포함되지 않았다. 팔과 가슴을 연결하는 구명조끼도 없었고, 흔히 쓰

이던 안전장비라곤 팔에 끼는 헐렁한 튜브 정도였다. 이마저도 때론 얼굴이 물에 잠긴 위치를 알려주는 것에 불과했다. 하지만 우리 부모님은 그런 장비는 겁쟁이나 쓰는 것이라 여기셨다. 물을 무서워한다면 아예 가지 말아야 한다고 생각하셨다.

나는 수영바지 하나만 입은 채, 첫 수영 강습에 들떠 있었다. 아버지는 수영을 잘하셨다. 적어도 지금 생각하면 그렇다. 수영장에 도착해서 부모님이 짐을 정리하는 동안, 나는 이미 유아풀에서 무릎 깊이의 물에 들어가 첨벙거리고 있었다. 이 네모난 물놀이터를 정복할 꿈에 부풀어 있었다.

"수영해도 돼요?"를 수없이 물은 후, 아버지는 나를 더 깊은 물로 이끄셨다. 마치 프로레슬링 아나운서처럼 "수영할 준비됐나?"라고 물어보셨다. 내가 대답할 틈도 주지 않고, 마치 준비가 된 것이 당연하다는 듯이, 아버지는 나를 허공으로 던져 버리셨다.

다른 모든 양육 방식처럼, 아버지의 수영 학교도 "가라앉지 않으려면 헤엄쳐라"라는 이민자 철학을 따랐다. 이번에는 말 그대로 실천에 옮기신 것뿐이었다. 비명을 지를 틈도 없이, 생존 본능과 충격으로 목소리마저 나오지 않은 채 물에 떨어졌다. 즉시 필사적으로 버둥거리기 시작했다.

소독약 냄새가 물씬 풍기는 물을 한 바가지 마신 후, 두 팔이 나를 끌어올렸다. 한참을 기침하며 물을 토해내고 나서야 간신히 말할 수 있었다. 숨을 몰아쉬며 충격과 당혹감에 휩싸인 비명을 질렀다.

"왜 나를 던졌어요? 하지 말…."

말을 마치기도 전에 아버지는 다시 나를 멀리 던졌다. 첨벙거리며 돌아가야 할 만큼 먼 거리였다. 사실 '첨벙거린다'라는 표현은 당시 내 행동을 묘사하기에는 너무 우아한 말이다. 허우적거리며 한 방향으로 도리깨질하는 것에 더 가까웠다.

우리는 수영장 안쪽 깊숙이 들어와 있어서 나는 벽을 붙잡을 수조차 없었다. 그래서 이 과정은 계속 반복됐다. 나는 아버지 쪽으로 가려 했고, 내가 가라앉으면 아버지가 끌어올렸다. 매번 아버지는 필사적으로 매달리는 나를 떼어내고 다시 던졌다. 내 손톱은 아버지 몸에 붉은 자국을 문신처럼 남겼다. 내가 매달렸다 실패한 흔적이었다.

그렇게 그날, 나는 결국 수영을 배웠다. 풀장 물을 많이 마시고도 토하지 않는 법도 익혔다. 분명 죽지는 않았지만, 그 순간엔 정말 죽는 줄 알았다. 물속에 가라앉았을 땐 논리적으로 생각할 수가 없었다.

이민자의 자녀로서 수영을 처음 배우는 동안, 나에게 더 나은 삶을 주시려고 태평양을 건너오신 아버지가 이 좁은 수영장에서 나를 죽도록 내버려 두시는 것만 같아 공포에 휩싸였다. 아버지가 어떤 분이고 나를 위해 무엇을 하셨는지 잠시 잊었다. 심지어 엄마가 풀장 가의 일광욕 벤치에서 지켜보고 있다는 것도 잊었다. (엄마의 소극적 역할은 또 다른 이야기다.)

위기가 찾아왔을 때 평소 가장 신뢰하는 이들을 의심하는 것이 얼마나 쉬운 일인지 아는가? 부모, 형제, 친구, 의사, 코치, 교사… 우리가 평소 기댈 수 있는 사람들이다. 하지만 어려움에 부딪히면 그들의 인격, 신실함, 능력 등 모든 것을 잊어버리고 홀로 헤쳐나가려 든다. 내 아이들을 기르면서 그런 두려움이 근거 없음을 깨달았다. 맛은 좋지만 겉모습이 별로인 음식을 먹으려 하지 않거나, 피곤해 보이면서도 잠들기를 거부할 때, 어린 막내마저 이기적으로 굴 때면 그때의 기억이 떠오른다.

우리가 깊은 물에 빠지거나 인생의 불길에 휩싸일 때, 일종의 자기 보호적인 기억 상실이 믿음마저 흔든다. 눈앞에 닥친 난관이 하나님을 망각하게 만든다. 우린 그저 살아남기 위해 발버둥 치느라 정신이 없다. 하나님을 잊으면 우리가 마주한 어려움이 더 위협적으로 보인다. 그러면 절망과 불신이 자라나기 시작한다.

그런 순간에 우리는 하나님의 본질과, 우리의 정체성을 기억해야 한다. '그리 아니하실지라도' 선언은 하늘 아버지의 진정한 성품과 능력을 상기시키는 것으로 시작해 이를 더 견고히 한다. 다니엘서 3장 17-18절에서 볼 수 있는 '그리 아니하실지라도' 선언의 두 부분은 다음과 같다.

1. 구원하실 수 있는 선하신 하나님에 대한 확신
2. '그리 아니하실지라도' 하나님을 섬기려는 결심

세상에서 가장 강력한 자 앞에서, 사드락, 메삭, 아벳느고는 하나님에 대한 신뢰를 선언했다. 맹렬한 화염 앞에서도 그들은 하나님에 대한 믿음을 잃지 않았다. 그들은 하나님이 구원하실 수 있다고 단언했다. 그러나 하나님의 능력에 대한 믿음 안에는 그분의 성품에 대한 더 깊은 신뢰가 있었다.

"하나님이 선하시다"라는 말의 의미는 무엇일까? 교회에서 자란 사람이라면, 그리스도인이 특정 표현들을 너무 자주 사용해 그 깊은 의미가 퇴색되곤 한다는 것을 알 것이다. 흔히 "하나님은 선하시다"라는 말에 "아멘!"으로 화답하곤 한다. 나 역시 이것이 사실이라고 믿는다. 하지만 불 앞에 섰을 때 하나님의 선하심이 정확히 무엇을 뜻하는지 자세히 살펴볼 필요가 있다.

하나님 자체가 선의 기준이 되신다

우리 가족은 단어 게임을 즐긴다. 특정 분야를 정해 연관된 다양한 주제를 번갈아 말하는 게임이다. 때론 난도를 높여 알파벳 순으로 진행하기도 한다. 최근엔 '마블' 만화 캐릭터를 주제로 삼았다. 게임은 이런 식으로 진행된다.

"앤트맨."

이어서 "블랙팬서."

다음엔 "캡틴 아메리카."

"데어데블"Daredevil. 이렇게 이어진다. (그저 당장 떠오르는 대로 썼는데 이 정도다. 대단하지 않은가?)

하나님의 선하심을 확신한다는 것은 믿음으로 채우는 단어 연상 게임과 비슷하다. 우리는 하나님께서 자신의 선하심을 얼마나 다채롭고 세심한 방식으로 드러내시는지 깊이 묵상하고 표현해야 한다. 사실 우리의 신앙은 하나님의 선하심이 함축하고 있는 것들을 체험하고 배워 나가면서 더욱 깊어진다.

나와 함께 게임을 해보자. 주제는 하나님이다. 하나님의 속성을 얼마나 많이 말할 수 있는가? 그 속성들은 하나님의 선하심을 어떻게 표현하는가? 알파벳 순으로 말할 수 있다면 보너스 점수다. 한번 시도해보자. 하나님의 자존성aseity*, 아름다움beauty, 긍휼compassion, 결단determination 등등.

이 특성들은 단순한 신학 용어를 넘어서, 하나님의 본질에 대한 심오한 통찰을 제공하며, 그 함의는 실로 엄청나다. A. W. 토저는 《하나님을 바로 알자The Knowledge of the Holy》 서두에서 이를 탁월하게 표현했다. "우리가 하나님에 대해 생각할 때 마음에 떠오르는 것이 우리에게 가장 중요하다."[1] 즉, 하나님을 어떤 분으로 믿는가가 우리 삶의 모든 국면(산꼭대기든, 골짜기든, 평지든)에서 우리의 반응을 결정한다. 지금 당신이 직면한 상황 속에서 자문해보라. "하나님은 누구신가? 그분은 정말 선하신가?"

---

* 하나님의 자존성은 하나님이 본질적으로 스스로 존재하신다는 사실과 관련이 있다. 그분은 다른 어떤 것에도 의존하지 않으신다.

'선하다'good는 것은 과연 무엇을 의미하는가? 오늘날 사람들은 이 단어를 다양한 의미로 가볍게 사용한다. 우리는 음식, 영화, 연인 또는 어떤 경험을 묘사할 때 이 말을 쓴다. "오늘 학교 어땠어?"나 "휴가는 어땠어?"라는 질문에 대한 흔한 대답이기도 하다. 단순히 "좋았어"Good라고만 답한다면, 우리는 그 사람이 평범한 경험을 했거나, 이야기할 기분이 아니거나, 혹은 실제로는 힘든 시간을 보냈지만 그것을 숨기려 한다고 추측한다.

우리는 종종 "어떻게 지내?"라는 질문에 무심코 "잘 지내Good. 너는?"이라고 답한다. 내면이 무너져 내리고 있을 때조차도 말이다.

우리는 말 잘 듣는 애완동물을 "착한 강아지구나"Good dog라고 칭찬하고, 시기심을 숨기며 건성으로 "잘됐네"Good for you라고 축하하기도 한다. '선하다'Good는 말은 다양한 의미를 지닌다. 그렇다면 하나님이 선하시다고 할 때, 그 의미는 무엇일까?

신학적으로 표현하자면, 하나님의 선하심은 그분이 자기 백성과 피조물의 안녕을 위해 역사하실 능력과 의도를 모두 가지고 계심을 뜻한다. 이는 하나님이 항상 옳은 일을 하신다는 의미다. 하나님 안에는 어떤 악이나 악한 뜻, 불의도 존재하지 않는다.

하나님께서는 선하심을 위해 그 어떤 지침서나 외적 기준에 의지하지 않으시며, 오히려 그분 자신이 선함의 표준이 되신다. 따라서 선은 하나님의 성품을 반영하는 모든 것이며, 악은 그분의 성품과 뜻에 반하는 모든 것이다. 하나님의 행동 방식과 그분이 중요하게 여기시는 것이 선에 관해 정의한다.

예를 들어, 창세기 1장의 창조 기사에서 하나님은 피조물이 좋다(선하다)고 반복해서 선언하신다. 하나님은 말씀으로 세상을 창조하시고, 그 피조물을 보시며 좋다good고 판단하셨다. 피조물에 대한 하나님의 평가가 기준이 된다. 생명은 좋고, 창조와 질서는 좋다. 하나님은 자신의 형상을 지닌 존재들을 만드신 후, 창조 전체가 매우 좋다고 보셨다.

창세기 2장은 아담과 하와의 창조에 집중한다. 여기서 우리는 하와의 창조가 "좋지 아니한" 상황에 대한 반응이었음을 알게 된다. 하나님은 아담이 혼자 사는 것이 좋지 않다고 말씀하셨고, 그래서 그분의 선하심으로 돕는 배필을 만드셨다. 친밀한 관계와 공동체는 좋은 것이다. 하나님이 그렇다고 말씀하시기 때문이다.

사드락, 메삭, 아벳느고의 경우에서 볼 수 있듯이, 하나님의 선하심은 가장 절박한 순간에도 우리를 구원하실 수 있는 그분의 권능과 뜻을 보여준다. 그러나 이 이야기에서 우리는 하나님의 선하심이 항상 우리가 원하는 방식으로 구원하신다는 뜻은 아님을 배운다. 하나님의 선하심은 그분이 항상 예측 가능하거나 우리의 뜻에 따르신다는 의미가 아니다.

C. S. 루이스는《사자와 마녀와 옷장》에서 페벤시 아이들과 비버의 대화를 통해 이 중요한 차이를 포착했다.[2] 아이들은 나니아의 왕 아슬란을 만나는 것에 들떠 있었다. 그러나 아슬란이 사자라는 사실을 알게 되자 상황이 바뀐다.

루시: 그는… 그는 사람인가요?

비버: 아슬란이 사람이라고? 당연히 아니지! 그는 숲의 왕이고, 위대한 바다 건너편 황제의 아들이야. 그가 짐승들의 왕인 줄 몰랐니? 아슬란은 사자야. 바로 그 사자, 위대한 사자라고.

수잔: 오! 난 그가 사람인 줄 알았어요. 그는… 안전한가요? 사자를 만난다고 생각하니 좀 불안해요.

비버 부인: 그럴 만도 하지, 애야. 다리를 떨지 않고 아슬란 앞에 설 수 있는 사람이 있다면, 그건 아주 용감하거나 아니면 그저 바보일 거야.

루시: 그럼 그는 안전하지 않은 건가요?

비버: 안전? 비버 부인의 말을 못 들었니? 누가 안전을 얘기했어? 물론 그는 안전하지 않아. 하지만 그는 선하지. 그는 왕이니까.

선함이 곧 안전함을 의미하지는 않는다. 안전은 예측 가능하고 통제된 상태를 말한다. 하나님의 선하심은 결과가 우리의 기대와 다르더라도, 그분께서 자신의 백성을 위해 역사하시고, 지키시며, 항상 보살피신다는 언약이다. 닐 플란팅가가 말했듯이, "하나님은 신뢰할 수 있는 분이시지만, 동시에 우리의 예상을 뛰어넘는 놀라움의 하나님이시기도 하다".[3] 때로 하나님은 그분의 선하심으로 우리의 기대를 초월하는 일을 행하신다.

그러므로 암이나 배신 같은 일도 하나님의 선하심을 무력화하거나 그분께서 우리를 저버리셨다는 것을 뜻하지는 않는다. 역설적이게도, 인생의 비극과 하나님의 선하심은 양립 불가능한 것이 아니다. 하나님의 선하심이 모든 고난을 막아주지는 않지만, 우리를 잔인하게 대하시는 분이 아님을 확신시켜 준다.

하나님은 예측하기 어려울 수 있다. 그러나 하나님은 선하시다. 하나님의 선하심을 기억하는 것이 어떤 상황에서도 그분의 선하심을 확신할 수 있는 토대가 된다.

삶 한복판에서 일어나는 신적 개입

대학생 시절, 나는 빈Vin이라는 베트남 이민자에게 정기적으로 이발을 하러 다녔다. 빈은 예술가의 솜씨로 내 머리칼을 다듬는 능력과 함께, 이발사에게 꼭 필요한 사회적 지성을 겸비하고 있었다. 그는 끊임없이 말을 늘어놓지도, 그렇다고 무관심하게 굴지도 않았다.

한번은 빈과 그의 여름 계획에 대해 이야기를 나누다가, 그가 25년 만에 처음으로 베트남을 방문할 계획이라는 걸 알게 됐다.

"와, 정말 오래됐네요. 어떻게 미국에 오게 되셨어요?" 내가 물었다. 그의 대답은 내 상상을 뛰어넘는 것이었다.

젊은 시절의 빈은 베트남전이 격화되던 때 탈출했다. 그는 작은 가방에 짐을 꾸려 필사적인 탈출 일행에 합류했다. 그들은 집에서 떼어낸 파편들과 부력을 얻기 위한 파란 플라스틱 통으로 급조한 뗏목을 만들어 남중국해로 떠났다. 그 뗏목에는 실제 배였더라도 안전하게 실어 나르기 힘들 만큼 많은 사람이 타고 있었다.

바다는 그들을 거칠게 뒤흔들었다. 강풍이 잠시 멎으면 뜨거운 햇볕이 그들의 의지를 말려버리고 갈증을 한층 더 부추겼다. 며칠도 안 되어 뗏목은 광활한 바다에서 흩어지기 시작했다. 파도가 마치 뗏목의 약한 부분을 간파한 듯이 정확하게 공략하며 뗏목을 해체해 나갔다. 결국 뗏목은 무너져 반쯤 떠 있는 파편들이 엉성하게 얽힌 상태가 되어버렸다. 빈과 몇몇 사람들은 필사적으로 플라스틱 조각에 매달렸고, 그사이 지친 탑승객들은 탈수와 상어 그리고 폭염으로 목숨을 잃어갔다.

약 일주일 후, 한 이탈리아 화물선이 생존자들을 발견해 구조했다. 원래 승선했던 사람들 중 3분의 1도 안 되는 사람만 살아남았다. 그 배는 빈을 이탈리아로 데려갔고, 그곳에서 빈은 망명 허가를 받고 이발 기술을 배웠다.

기적과도 같은 또 다른 연쇄적인 사건들을 거치면서, 빈은 결혼에 골인하고 미국으로 이민을 오게 되었다. 세월이 흘러 빈과 그의 아내는 자녀를 두었고, 빈은 이발소를 차려 꽤 성공을 거두었다. 그의 이야기는 전형적인 아메리칸 드림을 보여주는데, 다만 여기에 목숨을 건 위험한 여정이 더해진 것이다.

빈과 내가 계속 대화를 나누는 동안, 이발소는 손님들로 바빠 돌아갔다. 출입문 벨소리가 끊임없이 울리며 손님들의 드나듦을 알렸다. 그사이 나는 충격과 깊은 생각에 잠겨 그저 앉아 있었다. 하나님의 선하심이 빈의 인생 곳곳에 뚜렷한 흔적을 남긴 것이 분명해 보였다. 전쟁의 포화를 뚫고 살아남고, 망망대해에서 구조되어, 이탈리아를 경유해 워싱턴 DC 근교에 뿌리를 내리다니. 이건 영화 같은 이야기다. 이런 일들은 우연으로는 설명되지 않는다.

나는 그에게 연이어 질문을 던졌다. "이 모든 게 무슨 의미라고 생각하세요? 왜 하나님이 당신을 지켜주셨을까요? 이 모든 일에 더 큰 목적이 있다고 보세요?"

"그런 걸 깊이 생각해보지는 않았어." 그가 무심히 대답했다. 그걸로 대화는 끝났다. 우리 둘 다 어색한 침묵을 느꼈다. 나는 빈의 이야기보다 그의 대답에 더 놀랐다. 그는 오래전 먼바다에서 표류하던 자신이 지금 자기 소유의 이발소에서 내 머리를 자르고 있다는 사실에 별다른 감동을 느끼지 않는 듯했다.

아마도 빈은 자신의 진짜 감정을 억누르고 있었을지도 모른다. 혹은 이미 그 모든 감정을 처리했을 수도 있다. 아마도 그 시절을 추억하는 것 자체가 너무나 괴로워서였거나, 아니면 그의 무심한 반응이 직장이라는 공간에 어울렸던 것일 수도 있다. 직장은 보통 감상에 빠지거나 감정을 토로하기에 적합한 장소가 아니기 때문이다. 나는 그가 감사할 줄 아는 사람이라는 걸 안다.

그럼에도 그의 대답은 왠지 모르게 실망스럽게 느껴졌다.

그럼에도 그의 이야기는 내 마음의 어떤 면을 돌아보게 했다. 누군가에게 내 인생 이야기를 한다면, 나는 하나님의 놀라운 개입을 그렇게 가볍게 다루게 될까? 빈의 드라마틱한 경험에 비할 바는 아니지만, 내 삶 속에서 하나님의 섬세한 손길을 얼마나 자주 놓치고 있는지 돌아보게 됐다. 우리의 이야기를 충분히 오래 생각해보면, 하나님의 분명하고 개인적이며 독특한 선하심을 보여주는 수많은 사건을 떠올릴 수 있다.

그 후로 나는 '기억하기'remembering와 '회상하기'recalling 사이에는 엄청난 차이가 있음을 깨달았다. 사건들을 시간순으로 나열하고, 사람들과 장소를 열거하는 것은 회상에 불과하다. 반면 '기억하기'는 그 사건들, 사람들, 장소들의 의미를 깊이 생각하는 것이다. 회상이 우리가 나눈 멋진 식사를 떠올리고 인스타그램에 올리는 것이라면, 기억은 담소의 즐거움, 음식을 마련해준 이들에 대한 고마움, 그 경험이 우정을 어떻게 깊어지게 했는지 되새기는 일이다.

나는 내 삶의 우여곡절을 떠올리면서 회상으로 끝날 수도 있다. 하지만 그 과정에서 하나님이 어떻게 나와 함께하셨는지 기억해야 한다. 언제 회상하고, 언제 기억하는지 어떻게 알 수 있을까? 예수님이 다른 마음의 행위들에 대해 말씀하셨듯이, 그 열매로 알 수 있다마 7:20. 회상은 일어난 일을 그저 인정하거나 사실 확인으로 그치지만, 기억은 우리를 다르게 살도록 이끈다. 기억은 반응을 불러일으킨다.

어떤 면에서 기억과 경외는 밀접하게 연결되어 있다. 하나님의 선하심을 단순히 회상하는 것이 아니라 진정으로 기억할 때, 자연스럽게 하나님을 예배하는 데로 이끌린다. 또한 그 반대도 가능하다. 기억이 경외로 이어지듯, 경외 역시 기억을 불러일으킬 수 있다.[4]

천천히 시간을 내어 붉게 타오르는 석양을 바라보거나, 생명을 불어넣는 봄비를 감상해보라. 그 순간 느껴지는 경외감 속에서, 한 마디 말씀으로 이 모든 경이로움을 창조하신 하나님의 속성을 기억하게 된다. 창조는 우리에게 하나님의 선하심과 영광을 기억하라고 명한다.

시편 19편 1-4절은 이렇게 노래한다.

하늘이 하나님의 영광을 선포하고
궁창이 그의 손으로 하신 일을 나타내는도다
날은 날에게 말하고
밤은 밤에게 지식을 전하니
언어도 없고 말씀도 없으며
들리는 소리도 없으나
그의 소리가 온 땅에 통하고
그의 말씀이 세상 끝까지 이르도다.

이처럼 경외감은 기억으로 이어질 수 있다. 하나님이 매일 해를 뜨고 지게 하시듯, 그분은 수많은 날과 계절 동안 당신을 돌보시고, 인도하시고, 지키셨다. 매일 아침 눈을 뜰 때마다, 단순히 숨 쉬고 있다는 사실 속에서 하나님의 끝없는 자비를 발견하라. 맛있는 음식을 먹을 때 하나님이 당신에게 일용할 양식을 주시는 방식을 기억하라.

당신이 하나님을 의식하지 못했을 때조차 그분이 선하고 신실하게 돌보셨음을 기억하라. 그리고 기억할 때 당신의 마음에 일어나는 변화를 주목하라. 단순히 향수에 젖어 삶에 나타난 하나님의 선하심을 회상하는 것으로 그칠 수는 없음을 깨닫게 된다. 하나님의 선하심은 항상 반응을 불러일으킨다. 이것이 역사를 기억하는 방식이다. 그래서 하나님은 그분의 백성에게 거듭 기억하라고 명하신다.

기억한다는 것은 말처럼 쉽지 않다. 특히 우리가 살고 있는 이 세상에서는 더욱 그렇다. 우리 모두는 미디어의 대양에서 표류하며 쉼 없이 쏟아지는 정보의 홍수 속에 잠겨 있다. 우리의 관심사는 계속해서 바뀌고, 엄청난 양의 새로운 정보들은 우리가 사건들을 기억하고 성찰하기는커녕 단순히 회상하는 능력조차 어렵게 만든다.

수십 년 전 닐 포스트만은 이를 '다음 소식' 증후군이라 명명했다. 끊임없이 "자, 이제는…"Now…this이라며 새로운 정보로 우리를 몰아가는 미디어의 습성을 지적한 것이다.[5] 모든 미디어와 뉴스 매체가 이런 방식으로 작동한다. 지역의 비극적 사건 보도 뒤에 곧바로 내일의 날씨 예보가 나오고, 이어서 스포츠 하이라이트로 넘어간다. 그 사이사이 최신 자동차나 샴푸 광고가 끼어든다. 휴대폰 알림음은 우리가 무엇을 하고 있든 중단하고 다음 사소한 정보에 주목하라고 재촉한다.

소셜 미디어는 이런 현상을 한층 더 강화한다. 간결한 인용구든 유행하는 밈이든 항상 다음 주의를 분산시킬 "다음 소식"이 있다. 현대 미디어는 끊임없는 스트림으로 이루어진다. 넷플릭스에서 연속으로 여러 편을 시청할 때, 우리는 방금 본 내용을 제대로 소화할 시간도 없다. 다음 편이 5… 4… 3… 하며 곧바로 시작되기 때문이다.

그 결과, 우리는 한 사건의 의미를 깊이 생각해볼 겨를도 없이 다음 사건으로 떠밀리고 있다. 일어난 일들은 제대로 된 성찰 없이 흐릿한 기억으로만 남게 된다.

이는 우리 삶의 사건들에도 똑같이 적용된다. 삶은 의미와 목적이 있는 서사시가 되는 대신, 우연한 사건들의 조합으로 전락한다. 우리는 더 큰 그림, 즉 부름받은 더 위대한 이야기를 잊어버린다. 표면적으로는 많은 것을 체험하는 것처럼 보이지만, 사실은 그 경험의 깊이와 의미를 충분히 흡수하지 못한 채 살아가고 있는 셈이다.

기억하고 성찰하는 능력을 잃으면, 경외심도 잃게 된다. 우리는 무감각해진다. 감동을 받는다 해도, 우리의 높아진 역치를 넘어서는 더 강한 자극이 올 때까지일 뿐이다. 무엇보다 비극적인 것은, 하나님의 영광이 충만한 이 경이로운 세상 한가운데서 우리가 '무감각하게' 살아간다는 사실이다.[6] 하나님의 선하심을 보여주는 증거들은 소셜 미디어의 최신 업데이트와 틱톡 영상들 사이에 파묻혀 버린다. 우리는 자신의 바쁜 일상에 매몰되어 하나님이 하신 일들을 잊어버린다.

해결책은 있다. 하지만 그것은 고통스러울 정도로 현 문화에 역행하며, 어쩌면 직관에 반하는 것일 수도 있다. 우리는 소음을 차단해야 한다. 선택은 당신의 몫이다. 휴대폰 알림을 끌 수 있다. 이메일, 문자, 소셜 미디어의 '좋아요', 상태 업데이트 등은 나중에 봐도 된다. 용기가 있다면, 정해진 기간 동안, 가령 하루한 시간이나 한 달에 하루쯤은 휴대폰을 아예 꺼놓을 수도 있다.

모든 '아니오'는 더 큰 '예'를 위한 것일 수 있다. 당신은 끊임없이 밀려오는 피상적인 정보의 홍수에 '아니오'라고 말함으로써, 진정으로 의미 있는 것들을 깊이 생각할 수 있는 여유를 만들수 있다. 하나님이 당신에게 베푸신 중요한 선하심을 기억하는 일에 '예'라고 말할 수 있다.

당신이 골짜기에 있거나 불 앞에 서 있을 때는 이것이 더더욱 중요해진다. 어려운 상황 속에서 우리의 마음은 쉽게 흔들리고 불안해질 수 있기 때문이다. 기억하지 않으면 망각에 빠지고, 세상과 당신의 변덕스러운 상상력에 휘둘리게 된다. 하나님의 선하심을 잊으면 당신의 상상력은 과잉 작동하기 시작한다. 불은 더 뜨겁게 느껴지고, 골짜기는 더 황량해 보인다. 이전에는 극복 가능해 보였던 어려움들이 이제는 불가능한 장애물로 느껴진다.

불평이 피어오르고, 자기 비난의 목소리가 커지면서 이런 곤경에 처한 것은 당신의 잘못이라고 몰아간다. 결단력은 약해지고, 확신은 흔들리며, 절망이 자리 잡는다.

소망과 절망을 가르는 것은 과거와 미래에 대한 우리의 시선이다. 하나님이 과거에 선하셨음을 기억하고, 현재 상황이 우리 뜻대로 되지 않더라도 그분이 계속해서 선하실 것임을 믿는 것이 소망이다. 이 소망은 현재 상태가 아닌, 앞으로 올 하나님의 신실하심에서 힘을 얻는다. 과거의 은혜를 기억하는 것이 미래의 선하심을 기대하는 불씨가 되는 것이다.

하나님의 인자하심에는 유효 기간이 없다

만약 당신 삶에서 하나님의 선하심에 대한 기억이 희미해졌다면 어떻게 해야 할까? 다행히 하나님은 우리의 개인적 경험을 뛰어넘는 더 큰 그림을 가지고 계신다. 성경은 하나님의 선하심과 인자하심을 함께 찬양하는 때가 많다. 구약의 백성은 "그는 선하시며 그 인자하심이 영원함이로다"시 136:1라고 노래했다. 그리고 하나님의 인자하심은 우리를 향한 그분의 변함없는 헌신을 기억나게 한다. 하나님은 '지금' 우리에게 선하실 뿐만 아니라, '긴 안

목에서도' 우리에게 선하신 분이다.

이를 깊이 생각해보라. 영원은 정말 긴 시간이다. 이는 당신이 골짜기에 얼마나 오래 머물든, 그 시간이 당신을 향한 하나님의 선하심과 사랑을 고갈시킬 수 없다는 뜻이다. 골짜기의 삶, 광야에서의 시간, 불타는 풀무불에는 기한이 있다. 하지만 하나님의 인자하심에는 유효기간이 없다.

당신 삶에서 하나님의 선하심을 찾기 어렵다면, 시야를 넓혀보라. 사드락, 메삭, 아벳느고의 확신은 여호와의 인자하심이 영원하다는 것, 즉 미래뿐만 아니라 과거에도 영원하다는 사실을 기억하는 데서 왔다. 영원함은 앞으로 올 것과 이미 지나간 것 모두를 포함한다. 하나님의 인자하심은 그들보다 훨씬 전부터 지속되어 왔던 것이다.

사드락, 메삭, 아벳느고는 바벨론에 의해 예루살렘이 함락되는 비극을 겪었지만, 과거 히스기야왕 시대에 앗수르의 공격으로부터 예루살렘이 기적적으로 구원받은 역사는 기억했다왕하 18-19장. 이는 그들에게 하나님의 변함없는 선하심과 구원의 권능을 떠올리게 했을 것이다.

이스라엘 백성은 하나님께서 그들을 애굽에서 구원하신 사건을 오랫동안 기억했을 것이다. 출애굽은 하나님의 신실하심과 보호하심을 극명하게 보여주는 역사적 사건이었다. 이 놀라운 구원 이야기는 출애굽기에 상세히 기록되었을 뿐 아니라, 시편에서도 거듭 찬양의 주제가 되었다. 특히 시편 105편과 106편은 연작으로, 하나님의 풍성한 공급하심과 한없는 선하심을 감동적으로 노래한다. 그중에서도 106편은 더욱 강렬한데, 이스라엘 백성의 반복된 불순종에도 불구하고 끊임없이 베푸시는 하나님의 공의로 우신 사랑과 자비를 생생히 그려내고 있다.

현재까지도 유대인 가정들은 유월절이 되면 한자리에 모여 하나님의 구원 사역을 기념하고 그분의 선하심을 노래한다. 출애굽 이야기를 나눈 후, 그들은 "다예누"(히브리어로 "우리에게는 충분했을 것이다")라는 노래를 부른다. 인도자가 하나님의 구원 행위를 열네 번 선언하면, 사람들은 각각에 "다예누, 다예누, 다예누"로 세 번 반복하여 화답한다. 이는 하나님의 각 구원 행위가 그 자체로 이미 놀라운 은혜이며, 설령 거기서 멈추셨다 해도 우리의 감사와 찬양을 받기에 충분했으리라는 고백이다.

다음은 "다예누" 노래의 내용이다.

만일 하나님이 애굽에서 우리를 구해주시기만 하고,
애굽인을 벌하지 **않으셨더라도**…
만일 하나님이 애굽인을 벌하시기만 하고,
그들의 신들을 멸망시키지 **않으셨더라도**…
만일 하나님이 그들의 신들을 멸망시키시기만 하고,
그들의 장자를 죽이지 **않으셨더라도**…
만일 하나님이 그들의 장자를 죽이시기만 하고,
그들의 재산을 우리에게 주시지 **않으셨더라도**…

만일 하나님이 그들의 재산을 우리에게 주시기만 하고,

우리를 위해 바다를 가르시지 **않으셨더라도**…

만일 하나님이 우리를 위해 바다를 가르시기만 하고

우리를 마른 땅으로 건너게 하지 **않으셨더라도**…

만일 하나님이 우리를 마른 땅으로 건너게 하시기만 하고,

우리 억압자들을 물에 빠지게 하지 **않으셨더라도**…

만일 하나님이 우리 억압자들을 물에 빠지게 하시기만 하고,

광야에서 사십 년간 우리에게 공급하지 **않으셨더라도**…

만일 하나님이 광야에서 사십 년간 우리에게 공급하시기만 하고,

우리를 만나로 먹이지 **않으셨더라도**…

만일 하나님이 우리를 만나로 먹이시기만 하고,

우리에게 안식일을 주지 **않으셨더라도**…

만일 하나님이 우리에게 안식일을 주시기만 하고,

우리를 시내산으로 데려가지 **않으셨더라도**…

만일 하나님이 우리를 시내산에 데려가시기만 하고,

우리에게 토라를 주지 **않으셨더라도**…

만일 하나님이 우리에게 토라를 주시기만 하고,

우리를 이스라엘 땅으로 데려가지 **않으셨더라도**…

만일 하나님이 우리를 이스라엘 땅으로 데려가시기만 하고,

우리에게 성전을 지어주지 **않으셨더라도**…

우리는 만족했을 것이다.[7]

"다예누" 노래는 하나님의 구원 역사를 세대를 거쳐 추적하며, 누적적인 효과로 그 의미를 더해간다. 이 노래는 하나님께서 자기 백성을 구원하고 세우신 사건들을 하나하나 열거하면서, 그분의 선하심을 생생히 그려낸다. 단순한 기억의 도구를 넘어 다예누는 하나님의 행위에 대한 깊은 감사를 불러일으키고, 어떤 상황에서도 흔들리지 않는 소망을 다시금 확인시켜 준다.

수많은 고난을 겪은 백성은 하나님의 선하심을 기억하며 확신의 토대로 삼는다. 그들은 과거 하나님이 행하신 일을 마치 자신들을 위해 직접 하신 것처럼 여긴다. 지금까지 베푸신 하나님의 선하심만으로도 그들에겐 충분하다. "다예누" 정신에 따르면, 현재의 어려움 속에서 구원의 축복을 잠시 보류하신다 해도, 이미 경험한 은혜로 만족할 수 있다.

사도 바울은 로마서 15장 4절에서 성경의 목적을 이렇게 설명했다. "무엇이든지 전에 기록된 바는 우리의 교훈을 위하여 기록된 것이니 우리로 하여금 인내로 혹은 성경의 위로로 소망을 가지게 함이니라."

성경은 우리의 삶을 뛰어넘는 거대한 시각에서, 신실하지 못한 백성을 향한 하나님의 불변하는 신실하심을 드러내 보인다. 하나님의 말씀은 우리가 존재하기 훨씬 전부터 행하신 하나님의 본질과 행위를 기억하게 하는 하나님의 방법이다.

성경은 하나님의 선하심을 우리의 한정된 경험이나 기대를 넘어 더 넓게 이해하도록 도와준다. 우리는 종종 하나님을 단순히 보상을 주시는 분으로만 여기려는 유혹에 빠진다. "하나님, 제가 이렇게 했으니 이제 은혜로 갚아주실 거죠?"라고 생각하지만, 이는 하나님의 본질을 오해한 것이다. 그분은 우리의 명령에 따르는 요정 지니가 아니다.

"안전하진 않지만 선하신" 하나님이 우리의 기대와 다르게 행하실 때 우리는 실망하곤 한다. 불길에서 구해내시는 대신 그 불길 한가운데서 자신을 나타내실 때, 슬프게도 우리는 그분의 임재 안에 있는 선하심을 간과하기 일쑤다.

그래서 우리는 하나님의 본질과 행하심을 기억하고자 성경으로 돌아가야 한다. 이것이 바로 성경을 묵상한다는 의미다. J. I. 패커는 묵상을 이렇게 정의했다. "하나님의 역사와 도(道)와 목적과 약속들에 대해 우리가 아는 것들을 기억하고, 숙고하며, 깊이 생각하고, 적용하는 활동이다."[8]

기독교에서의 묵상은 마음을 텅 비우는 것이 아니라, 성경 속에 드러난 하나님의 행적을 상기하며 우리를 위해 행하신 모든 것을 곱씹어보는 것이다. 이는 하나님의 약속들과, 그 약속을 반드시 지키시는 그분의 신실함을 되돌아보는 과정이다. 이렇게 함으로써 우리는 성경을 단순한 신학 원리나 고대 역사가 아닌, 우리의 이야기로 받아들인다. 성경의 하나님은 바로 우리가 예배하고 의지하는 하나님이시며, 우리의 상황이 변할지라도 그분은 변함없으시다.

선하심은 가까이에 있다

하나님의 선하심을 기억하는 것은 단순히 수도원에 들어가 고요와 침묵 속에 거하는 삶이 아니다. 나는 비탄의 시기를 겪으며 이를 배워야 했다. 소중한 이의 죽음은 나를 슬픔의 깊은 바다에 빠뜨렸고, 나의 영웅이 암과 싸울 때는 세상이 무너지는 듯했다.

2017년 여름, 아버지는 서서히 생을 마감하셨다. 일상적인 처치를 위해 병원에 들어가셨지만, 폐가 제 기능을 멈추면서 결국 그곳을 떠나지 못하셨다. 아이러니하게도 우리가 걱정하던 대장암이 아닌 다른 이유로 돌아가신 것이다.

아버지께서 두 달 동안 병마와 싸우시는 동안, 나는 공포와 희망 사이를 오가며 끊임없는 갈등에 시달렸다. 한순간 희망이 보이다가도 곧바로 절망에 빠지곤 했다. 아버지의 상태가 호전되는 듯하다가도 곧 중환자실로 돌아가야 한다는 소식을 듣곤 했다.

희망과 절망이 오가는 그 시간, 나를 지탱해준 것은 하나님의 선하심을 기억하는 일이었다. 압도적인 상황 속에서 나는 하나님이 누구신지 되새겨야 했다. 하지만 아버지가 삽관 치료를 받고, 며칠이 몇 주, 몇 달로 이어질 때, 어디서 하나님의 선하심을 찾을 수 있을까? 특히 결과가 우리의 바람과 다를 때 말이다.

나는 현재와 미래에 대한 확신을 얻기 위해 과거를 돌아보아야 했다. 병원을 오가는 길에, 오랜 세월 하나님께서 나와 우리 가족에게 베푸신 선하심을 기억했다. 하나님의 변함없는 위로와 도움을 선포하는 찬양들로 플레이리스트를 만들어 들었다.

나는 하나님께서 그분의 선하심으로 어떻게 부모님의 마음에 이민의 꿈을 심으시고 미국으로 인도하셨는지를 기억했다. 언어도 모르는 낯선 땅에서 가족과 떨어져 살며 인종차별을 견뎌내야 했던 부모님을 하나님은 이끄시고 필요를 채워주셨다. 부모님은 오랜 시간 고된 일을 하셨지만, 그 모든 과정에서 하나님은 그들을 지켜주셨다.

하나님께서는 우리 가족이 재정적 곤란, 부부간의 불화, 배신 등으로 인해 무너질 것만 같았던 순간에도 우리를 붙들어주셨다. 물론 우리는 모든 상황에서 승리하지 못했고, 상처와 문제도 있었다. 하지만 누이와 나는 부모님의 실수와 불운이 우리 가정을 거의 무너뜨릴 뻔했던 만큼, 하나님의 선하심도 그에 못지않게 컸음을 깨닫는다.

하나님이 지금까지 우리의 부족함에도 불구하고 그토록 선하셨다면, 어찌 지금 그분을 의심할 수 있겠는가? 하나님의 선하심이 우리를 시련으로부터 자유롭게 해주지는 않았지만, 우리가 견딜 수 있도록 붙들어주셨다. 그 선하심이 모든 눈물을 막아주는 것은 아니었지만, 하나님께서 행하신 모든 일은 그분을 신뢰할 만한 충분한 이유가 되었다.

아버지의 임종 직전, 우리 가족은 병상 곁에 모여 성찬식을 통해 하나님의 선하심을 되새겼다. 우리는 예수님이 외로운 죄인들을 찾아오신 일, 슬퍼하는 자들과 함께 아파하신 일, 하나님이 고난받는 백성에게 보이신 궁휼을 묵상했다. 흐느낌을 참으며, 눈물로 하나님의 선하심을 노래한 옛 찬송가를 불렀다.

지금 이 순간에도 나는 슬픔의 여정을 걷고 있다. 예상치 못한 슬픔의 파도와 씨름하고, 홀로 남겨진 어머니를 돌보는 법을 배워 나가면서 말이다. 그럼에도 나는 무슨 일이 닥치더라도 하나님의 선하심이 우리를 지켜주실 것임을 믿는다. 앞날을 알 수 없어도 하나님을 신뢰한다. 하나님은 예측할 순 없지만, 분명 선하시다.

하나님의 지속적인 선하심을 경험해본 적이 있는가? 당시에는 그것이 하나님의 선하심인지 인식하지 못했을 수도 있다. 하지만 돌이켜보면서 당신의 삶 곳곳에 새겨진 하나님의 '다예누' 노래, 그분의 끊임없는 은혜의 흔적을 발견할 수 있기를 바란다. 그것은 인내나 위로, 공급이나 보호, 적절한 말, 희망을 주는 약속, 혹은 어려운 때 함께 있어 준 충실한 친구의 모습으로 우리에게 다가왔을 수 있다.

좀 더 멀리 돌아보도록 하자. 그리스도를 믿는다면, 우리는 같은 곳을 향하고 있다. 각자의 '다예누' 노래는 다르겠지만, 모두 공통된 기본 구절이 있다.

구속과 회복의 약속만으로도… 다예누
육신을 입고 우리 가운데 오신 것만으로도… 다예누
모든 시험을 받으셨으나 죄 없으신 것만으로도… 다예누
우리의 연약함에 공감하신 것만으로도… 다예누

병든 자를 고치신 것만으로도… 다예누
하나님 나라를 가르쳐주신 것만으로도… 다예누
죄를 위한 제물이 되신 것만으로도… 다예누
우리를 용서하신 것만으로도… 다예누
부활하여 죽음을 이기신 것만으로도… 다예누
우리를 하나님 자녀로 삼으신 것만으로도… 다예누

복음 이야기의 각 단계에서, 하나님은 잃어버리고 반역하고 깨어진 인류에게 그분의 선하심을 보이셨다. 그리고 십자가에서 그 사랑과 선하심의 절정을 보여주셨다. 죄인을 용서하시고 죄를 벌하시면서 말이다.

'그리 아니하실지라도' 선언의 첫 부분은 이 객관적 사실에 뿌리를 두고 있다. 하나님이 죄가 요구하는 죽음에서 우리를 구원하심으로써 그분의 선하심과 인자하심을 보여주셨다는 것이다. 이는 우리에게 무슨 일이 벌어지든, 우리의 정체성과 안위가 십자가 위에서 그리스도께서 완성하신 불변하고 온전한 사역에 기초하고 있음을 뜻한다.

예수께서 배신당하시던 밤, 제자들에게 "기억하라"라고 명하셨다눅 22:19, 새번역. 우리가 떡과 잔에 참여할 때, 하나님의 선하심—과거의 구원과 미래의 약속—을 동시에 기억한다. 감사와 소망이 이 식사에서 하나로 어우러진다.

우리는 감사함으로 하나님 아들의 위대한 희생을 돌아본다.

배신당하시고 우리를 위해 목숨을 내어주신 분. 하나님은 우리의 궁극석 선을 위해 최고의 대가를 치르셨다. 우리는 과거 하나님의 구원을 통해 그분의 선하심을 기억한다.

동시에 우리는 소망 가운데 그분이 다시 오실 날을 고대한다. 그날에는 더 이상 이 성찬으로 그분을 기념할 필요가 없을 것이다. 우리가 직접 그분과 마주하여 먹게 될 것이기 때문이다. 이는 우리가 지금 어떤 처지에 있든, 결국에는 하나님의 식탁에서 그분과 함께하는 초대로 끝맺는다는 뜻이다. 우리는 다가올 미래에서도 하나님의 선하심을 만끽할 것이다.

이러한 기억들로 인해, 지금의 시련 속에서도 하나님이 구원하신다는 소망을 간직하기 바란다. 그 구원이 더 오래 걸리거나 예상과 다른 방식으로 올지라도, 하나님은 선하시며 계속해서 당신에게 선하실 것이다.

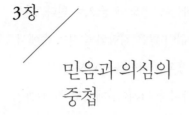

3장

믿음과 의심의
중첩

"못해. 그만둘 거야." 벤저민이 좌절감에 휩싸여 선언하며 펼쳐
놓은 빨랫감을 다시 더미에 던졌다. 셋째 아들은 한 번 뭔가에 꽂
히면 떼어내기가 쉽지 않다. 그 아이는 악당들의 최후를 묘사하
는 장면들을 레고로 몇 시간이고 만들었다 부수기를 반복할 수
있다.

그러나 일단 무언가를 포기하기로 결심하면, 마치 그것이 이
세상에서 완전히 증발해버린 양 행동한다. 조금이라도 이해가 안
가면 완전히 손을 떼버린다. 지금은 산더미 같은 빨랫감 앞에서
쿵푸팬더 속옷에 항복을 선언하고 있었다.

레고를 하러 일어서려는 순간, 아내의 말에 그 자리에 얼어붙
었다. "가지 마. 다시 해봐. 그렇게 쉽게 포기하지 말고."

잠깐의 실랑이 후, 아이는 마지못해 바닥에 앉아 아내의 말을 따

랐다. 우리 집에서는 마지못해 하는 순종도 순종으로 친다. 다섯 아이를 기르면서 맞닥뜨린 셀 수 없이 많은 저항의 순간들 속에서, 이 원칙은 위기를 극복하는 데 결정적인 역할을 담당해왔다.

"벤, 네게 부족한 건 능력이 아니라 의지야. 제대로 할 때까지 계속 해봐." 아내는 비싼 강사처럼 인내심 있게, 아이에게 빨래 개는 법을 하나하나 자세히 설명했다. 그 후 우리 삶은 크게 바뀌었다.

부모로서 우리의 임무는 아이들이 다양한 집안일에 자발적으로 참여하도록 동기를 부여하는 것이었다. 쓰레기 버리기, 설거지, 청소기 돌리기, 방 정리하기 등이었다. 빨래 개기를 배울 때처럼, 때로는 낯선 일을 제대로 하려면 계속 시도해보려는 의지가 필요했다. 즉, 결심은 꼭 필요한 삶의 기술이다.

결심은 또한 믿음의 중요한 부분이다. 그것은 깊은 신뢰에서 우러나오는 의지의 힘이다. 때로는 우리가 어떻게 살아야 하고 다른 이들을 어떻게 대해야 하는지에 대해 깊이 간직해온 확신을 타협하지 않는 모습으로 드러난다. 다른 경우에, 결심은 역경 속에서 우리를 지탱하는 인내의 형태로 나타난다. 마치 거친 파도 속에서 우리를 수면 위로 떠오르게 하는 부력과도 같은 것이다.

결심은 보통 고귀한 특성으로 여겨지지만, 그 바탕이 되는 믿음에 따라 칭찬받을 수도, 그렇지 않을 수도 있다. 세상이 자신을 핍박한다고 믿는 사람은 피해망상증 환자로 비칠 것이며, 자신이 무적이라 믿고 안전 규칙을 무시하는 사람은 순진하고 무모하게 보일 것이다. 결심은 그 근간이 되는 믿음에 따라 고집이 될 수도, 역경을 이기는 끈기가 될 수도 있다.

'그리 아니하실지라도'의 삶은 하나님의 선하심을 향한 깊은 신뢰에서 비롯된 결심을 그 특징으로 한다.

앞서 우리는 하나님의 선하심의 의미를 탐구했다. '그리 아니하실지라도' 선언의 첫 부분은 하나님의 선하심에 대한 확신이며, 두 번째 부분은 삶이 우리의 기대와 다르게 흘러가도 선하신 하나님을 예배하겠다는 결심이다. 하나님의 선하심을 믿지 않는다면, 그분을 향한 변함없는 예배를 드리기는 불가능하다.

이 선언의 두 부분은 밀접하게 연결되어 있다. 하나님의 선하심을 의심하면, 자신이 버림받아 홀로 시련을 겪고 스스로 구해야 한다고 여긴다. 결심이 없다면, 시련 앞에서 움츠러들거나 반대로 고통을 완전히 부인하는 극단으로 갈 수 있다. 현실을 직시하지 못하는 맹목적인 긍정으로, 우리는 때로 고난의 진짜 모습과 그 위험을 인정하지 않으려 할 수 있다.

다니엘서 3장에서 사드락, 메삭, 아벳느고는 하나님의 구원 능력을 확신하면서도, 그분이 구원하지 않으실 가능성도 인정했다. 그들이 믿는 하나님은 자신들의 경험을 넘어서는 크신 분이었다. 결과를 알 수 없었지만, 이 세 청년은 어떤 상황에서도 하나님을 예배하겠다고 굳게 결심했다.

이 장에서는 '그리 아니하실지라도' 결심이 어떤 모습인지 살펴본다. 결심은 완고함, 결연함, 인내, 확신 등 여러 형태로 나타날 수 있다.

믿음에서 비롯된 결심도 다양한 모습을 보인다. 많은 신실한 신자들은 이런 결심을 단순히 어떤 상황이든 견뎌내는 의지력으로 여긴다(그리고 그것을 자랑스럽게 여긴다). 이로 인해 다음과 같은 통속적인 말이 생겼다.

"하나님은 스스로 돕는 자를 돕는다."

"하나님은 감당할 수 없는 시련을 주지 않으신다."

"하나님은 더 큰 선을 위해 이를 사용하실 것이다."

"이 시련을 겪고 나면, 비슷한 고통을 겪는 이들을 더 잘 이해하고 도울 수 있을 거야."

듀크 대학의 케이트 바울러 교수는 자신의 암 투병기《모든 일에는 이유가 있어 그리고 내가 사랑한 거짓말들》에서 이런 거북한 반응들을 묘사한다.[1] 4기 암 치료 중 그녀는 자신의 경험을 《뉴욕타임즈》 칼럼으로 공유했고, 이에 대해 그녀의 의지를 북돋우려는 장황한 조언과 간증들이 쏟아졌다. 그러나 대부분은 전혀 도움이 되지 않았다.

일부는 "적어도 아들이 있잖아요" 또는 "치료를 받을 수 있어 다행이에요"라며 그녀의 고통을 축소하려 했다. 마치 케이트의 고통은 누군가와 저울질되는 듯했다. 다른 이보다 상황이 나으니 견딜 만하다는 논리였다.

또 다른 이들은 "잘 받아들이고 앞으로 나아가라"며 격려하려 했다. 상황이 케이트가 생각하는 것만큼 나쁘지 않다는 식이었다. 자칭 동기부여 전문가들은 자신도 비슷하거나 더 힘든 일을 극복했으니 케이트도 할 수 있다고 응원했다.

일부 반응은 케이트의 취약함을 이용해 교훈을 주려 했다. 이 '선지자들'은 하나님이 케이트에게 주시려는 특별한 가르침이 있다고 하면서, 이 교훈을 얻기 위해 고통스러운 치료 과정을 견뎌내야 한다고 주장했다. 심지어 케이트가 생존하지 못하더라도, 그녀의 죽음에서 다른 이들이 배우는 게 있을 거라고 했다.

이런 반응들은 선의에서 나온 것이고 당시에는 위로가 될 것 같았지만(적어도 말한 사람 입장에서는), 결국 공감 없는 결심 강요로 보였다.

이런 '가짜 결심'은 비교에서 비롯된다는 특징이 있다. 조언이나 격려의 힘을 다른 이들의(주로 자신의) 상황과 비교하는 데서 찾는다. 우리는 누군가가 비슷하거나 더 어려운 상황을 어떻게 극복했는지 듣는다(실패한 경우는 거의 언급되지 않는다). 그리고 그나마 다른 이들보다 조건이 나으니 견뎌내야 한다고 말한다. 이렇게 가짜 결심이 응원의 형태로 포장되어 나타난다.

하지만 이런 비교에서 나오는 결심은 그 기반이 취약하다. 비교 대상이 계속 변하기 때문이다. 우리와 타인의 상황은 끊임없이 변화하고, 게다가 비교 자체가 주관적이어서 보는 사람에 따라 평가가 달라질 수 있다.

이런 틀에 박힌 동기부여 방식이 효과가 없을 때, 조언자들은 종종 우리에게 충분한 믿음이 없다며 포기해버린다. 결국 그리스도인이 상처받은 이들에게 2차 가해를 한다는 악명은 여기서 비롯된다.

나는 더 나은 방법이 있다고 믿는다. 진정한 믿음의 결심은 오직 하나님의 변함없고 비교할 수 없는 본질에서 나온다. 하나님의 성품이 우리의 상황을 넘어서 관점과 힘을 제공할 때, 결심은 확고해진다. 이런 결심은 우리의 의지력이나 상황 이해에 기반하지 않고, 하나님의 선하심에 대한 확신에 뿌리를 둔다.

진품을 공부하라

대학 졸업 후 약 2년간 아시아에 살면서, 나는 불법이지만 싸구려 모조품을 사 모으길 즐겼다. 고급 브랜드 제품엔 관심 없었지만, 정품과 구별하기 어려운 모조품을 터무니없이 싼 가격에 구매하는 짜릿함에 빠져들었다. 여행에서 돌아올 때마다 가방 하나에 (때론 세 개에) 이런 물건들을 가득 채워 가족들에게 선물했다.

나는 또한 노골적인 가짜 상품을 발견하는 재미에도 빠졌다. "구시"(Guci; Gucci 모조품)라고 쓰인 가방이나, 영어 발음을 제대로 모르는 이가 만든 듯한 "나이스 에어"(Nice Air: Nike Air 모조품) 로고가 그려진 티셔츠 같은 것들이었다. 그 시절 나는 항상 가방에 "페이밴"(Fay-Ban: Ray-Ban의 모조품) 선글라스를 넣고 다녔고, 손목에는 "포우렉스"(Faux-lex: Rolex의 모조품) 시계를 찼다.

모조품은 진품만큼 오래 가지 않는다는 것이 문제였다. 이것을 알았기에, 마치 무역 협상 전문가라도 된 듯 가격을 후려쳐 깎았다. 복제 축구 유니폼은 몇 달 입거나 몇 번 빨면 로고가 벗겨질 것이고, 시계는 곧 멈출 것이며, 바느질은 풀릴 것이다. 그러나 누구도 가짜 상품의 품질에 대해 불만을 제기하지 않는다. 싼게 비지떡이라는 걸 알기 때문이다. 오래 가지 않을 걸 예상하고, 망가지면 그냥 새로 산다. 아무도 문제 삼지 않는다.

후에 나는 모조품 구매의 문제점을 깨달았다. 그것이 브랜드 엘리트주의를 조장하고, 지적재산권을 침해하며, 건전하지 못한 소비주의를 부추긴다는 점을. 가짜 상품 판매로 인한 수익이 다른 범죄 행위의 자금줄이 될 수 있다는 사실도 깨달았다. 겉보기에 무해해 보이는 쇼핑 취미가 해로운 결과를 낳을 수 있었다.

삶의 중요한 영역에서는 결과가 훨씬 심각하다. 누구도 '가짜 미덕'을 원하지 않는다. 모조품 사랑은 마음을 망가뜨리고, 굳어지게 하며, 진정한 친밀함을 막는다. 싸구려 친절은 관계를 피상적인 이익 교환으로 만든다. 가짜 충성은 최악의 배신으로 이어진다. 심지어 결심조차도 모조품이 될 수 있다.

이런 모조품 결심은 때로 자신만만한 믿음으로 위장한다. "나는 하나님이 반드시 이렇게 하실 거라고 믿어"나 "하나님은 절대 그렇게 하지 않으실 거야"라는 말들은 하나님이 다르게 행동하실 가능성을 인정하지 않는 맹목적 확신을 드러낸다. 이런 믿음은 지나치게 낙관적이고 현실과 동떨어져 보인다. 일종의 가짜 희망인 셈이다.

나는 한 친구가 남편과 함께 죽음의 그늘진 골짜기를 걸을 때 그 슬픔을 함께 나눌 수 있었다. 남편의 암 진단부터 임종까지, 그 여정은 두 달간 고통스럽게 지속되었다. 내 친구는 놀라울 정도로 강한 믿음을 보였다. 성경 구절을 인용하며 자신의 믿음이 굳건함을 우리에게 확신시켰다. 하나님이 남편을 치유하실 수 있고 반드시 그러실 것이라 믿는다고 했다. 그녀는 다른 어떤 가능성도 고려하지 않았다.

처음에는 위협적인 상황 앞에서 굳건한 믿음의 결심처럼 보였다. 하지만 그녀의 결심은 하나님이 꼭 그녀의 바람대로 행하실 거라는 믿음에 기반했다. 결과와 상관없이 하나님을 예배하겠다는 결심은 아직 자리 잡지 않았던 것이다. 그래서 그녀는 하나님이 불에서 구해주실 거란 확신 때문에, 오히려 풀무 속에서 하나님을 경험할 실제적 기회를 놓치고 있었다. 하나님은 그녀의 두려움, 분노, 실망, 슬픔 속에서 만나기를 원하셨지만, 그녀는 오직 기적적 치유의 승리 속에서만 하나님을 뵙고자 했다.

여기에는 긴장이 있다. 우리는 하나님의 치유 능력을 믿으면서도, 동시에 그렇지 않을 가능성에 대비해야 한다. 어떻게 하면 냉소적이거나 비현실적이지 않으면서 이런 긴장 속에서 신실하게 살 수 있을까?

남편이 임종하기 2주 전부터 내 친구의 믿음에는 변화가 생겼다. 여전히 성경을 인용하고 영감을 주는 음악을 들었지만, 전과 다른 차분함이 느껴졌다. 계속해서 다른 이들을 격려했지만, 더욱 침착해졌다. 그녀의 일상적인 친절과 부드러운 말에는 더 많은 눈물이 섞였고, 상실감 속에서도 감사함이 묻어났다.

대부분은 그녀가 마침내 남편의 죽음을 받아들였다고 여겼다. 하지만 나는 더 깊은 변화가 일어났다고 본다. 남편의 죽음뿐만 아니라, 남편이 죽더라도 그들이 오랫동안 함께 섬긴 하나님이 여전히 그녀와 함께 계시며 예배받기에 합당하다는 사실을 깨달은 것이다. 그녀는 재 속에서도, 눈물 속에서도 하나님을 예배하기로 결심했다. 모든 어려움을 견디기로 마음먹었다. 하나님이 필요한 모든 것을 주실 거라 믿었기 때문이다. 승리주의적 낙관주의가 진정한 결심으로 바뀐 것이다.

이 둘을 어떻게 구별할 수 있을까? 특히 가짜 결심이 희망과 확신으로 가득해 보일 때 말이다. 전문가들은 모조품과 진품을 구별하는 최선의 방법은 "원본을 연구하는" 것이라고 말한다. 진품의 특징을 깊이 이해하면 가짜를 가려낼 수 있다.

'그리 아니하실지라도' 결심은 먼저 당면한 실제 고통, 의심, 두려움을 인정한다. 미래의 불확실성을 받아들이되, 거기에 압도되지 않도록 균형을 유지한다. 역설적이게도, 하나님을 예배하겠다는 진정한 결심은 그분의 선하심에 대한 우리의 믿음이 가장 시험받는 순간에 형성된다.

도전이나 위협 없이는 결심이 필요 없을 것이다. 견고한 믿음과 인내심은 삶의 도전이 우리를 포기나 타협의 갈림길로 몰아붙

일 때 단련되는 품성이다. 하나님의 선하심에 대한 확신이 현실의 고통에 의해 도전받을 때, 우리에겐 세 가지 선택지가 있다.

- 위협적인 상황 때문에 하나님에 대한 확신을 잃는 일.
- 상황의 어려움을 무시하거나 최소화하기.
- 현실을 있는 그대로 받아들이면서, 지금까지 선하셨던 하나님을 계속 신뢰하기로 결심하기.

진정한 결심은 "현실을 바로 보는 것"에서 출발한다. 하나님의 약속을 굳건히 믿는 데에는 상당한 용기와 냉철함이 필요하다. 성경적 믿음이 있는 사람은 깨어진 세상의 현실과 하나님 나라의 실재 사이에서 균형을 잡고 살아간다. 이러한 믿음에서 비롯된 결심은 현실의 고난을 인정하면서도 동시에 하나님 나라의 영원한 희망을 품는다.

우리는 하나님의 선하심을 확신하며 살기로 결심한다. 상황이 우리 뜻대로 해결되지 않더라도 하나님을 예배하기로 한다. 이 과정에서 우리의 두려움과 실망을 내려놓고, 우리를 사랑하시는 선하신 하나님을 신뢰한다.

'그리 아니하실지라도' 결심에는 내맡김이 포함된다. 이는 '단념'과는 다르다. 단념은 책임을 회피하고 "될 대로 되겠지"라는 수동적 태도를 의미한다. 반면 맡김은 "무슨 일이 일어나든 나를 위하시는 하나님을 신뢰한다"라는 적극적 선택이다. 이는 자신의 계획, 반대, 심지어 소망까지도 내려놓는 행위다.

단념은 운명에 맡기고 상황이 흘러가는 대로 따라가는 것에 가깝다. 이는 수동적이기에, 맡김과 달리 재헌신이 필요 없다. 반면 맡김은 자주 반복해야 할 수도 있다. 매번 하나님의 선하심을 신뢰하기로 결심하면서 말이다. 맡김은 통제하려는 욕구를 내려놓는 것을 포함한다. 매 순간 직면하는 어려움을 하나님께 맡길 때마다, 당신은 참된 결단의 능력을 체험하게 된다. 이는 자신의 의지력이 아닌, 하나님의 뜻에 자신을 맡기는 데서 오는 힘이다.

자신에게 최고의 설교자가 되라

고라 자손의 시는 복잡한 삶 속에서 결심의 아름다움을 보여준다. 시편 42편에서 그들은 시냇물을 찾는 사슴처럼 하나님을 갈망한다고 고백한다. 이제 하나님은 멀게 느껴졌고, 눈물은 흘러넘쳤다. 그들은 과거에 하나님을 경축하며 기쁨과 찬양으로 행진하던 때를 회상한다.

하지만 이 기억은 잃어버린 과거에 대한 고통스러운 장송곡이 되었다. 지금은 그렇지 않다는 현실을 깨닫게 하는 노래였다. 하나님에 대한 이런 갈망은 새로운 시작이 아닌, 상실감 속에서 밤을 지새우는 동안 생긴 것이다.

그리고 이어서 결심이 나온다.

내 영혼아 네가 어찌하여 낙심하며
어찌하여 내 속에서 불안해하는가
너는 하나님께 소망을 두라 그가 나타나 도우심으로 말미암아
내가 여전히 찬송하리로다 _42:5.

상실의 현실에 직면하여, 고라 자손은 구원의 하나님께 소망을
두기로 결심한다. 그들은 말 그대로 자신의 영혼에 말을 건넨다.

노래 후반부에서 그들은 하나님께 잊혔다는 느낌과 씨름한다.
그들을 조롱하는 원수들로 인해 더욱 심해진다. 시편은 우리의 공
감을 자아내는 어조로 묻는다. "어찌하여 나를 잊으셨나이까", "어
찌하여 내가 슬프게 다니나이까"9. 그들은 자신의 상황을 있는 그
대로 직시했다.

고라 자손은 후렴구를 반복하며 점점 더 강하게 그들의 결심
을 상기시킨다.

내 영혼아 네가 어찌하여 낙심하며
어찌하여 내 속에서 불안해하는가
너는 하나님께 소망을 두라
나는 그가 나타나 도우심으로 말미암아
내 하나님을 여전히 찬송하리로다 _42:11.

시편 43편에서 고라 자손은 그들의 소망을 확신 있게 주장한

다. 하나님이 진실을 밝히시고, 회복시키시며, 그들을 변호하실 것이라고 믿는다. 그들의 열망은 과거에서 미래로 옮겨간다. 하나님이 이루실 수 있는 특정한 미래를 갈망한다. 그분이 그들의 구원이며 하나님이시기 때문이다. 상황을 있는 그대로 보고 하나님을 신뢰한다고 해서, 우리의 소망을 하나님께 말씀드리지 못하는 것은 아니다. 오히려 우리의 바람을 맡기려면 그것을 명확히 표현해야 한다.

이러한 주장들과 함께, 여전히 결심이 필요했다. 그들은 다시 한번 자신의 영혼에게 그들이 갈망하는 미래를 이루실 수 있는 분을 소망하라고 명령한다.

> 내 영혼아 네가 어찌하여 낙심하며
> 어찌하여 내 속에서 불안해하는가
> 너는 하나님께 소망을 두라 그가 나타나 도우심으로 말미암아
> 내 하나님을 여전히 찬송하리로다 _43:5.

동일한 결심이 과거의 슬픔, 현재의 고뇌, 그리고 미래에 대한 갈망을 하나로 묶는다.

이렇게 두 시편은 '그리 아니하실지라도' 결심의 굳건한 모습을 보여준다. "내가 과거의 그 자리로 돌아가지 못하더라도, 지금 원수에게 억압받고 있더라도, 내가 바라는 미래가 오지 않더라도, 나는 나의 과거, 현재, 미래의 구원이신 하나님께 소망을 둔

다"라고 말이다. 그들은 문자 그대로 자신의 영혼에 말하며, 하나님께 소망을 두어야 함을 스스로 상기시킨다.

마틴 로이드 존스는 이렇게 말한다. "삶의 대부분의 불행은 자신에게 말하는 대신 자신의 말을 듣는 데서 비롯된다."[2] 그가 영적 침체를 다루며 한 말이지만, 이 통찰은 우리의 결단을 강화하는 데에도 효과적으로 적용된다. 우리는 자신의 말을 듣기보다 자신에게 설교할 필요가 있다. "내 영혼아 네가 어찌하여 낙심하는가…너는 하나님께 소망을 두라."

말은 쉽지만 실천은 어렵다. 우리 모두는 주변 세계를 해석하는 내적 독백을 가지고 있기 때문이다. 우리에게 일어나는 일, 다른 이의 말, 심지어 비언어적 표현까지 해석한다. 이 독백은 주로 우리가 누구인지에 대해 반복되는 이야기를 중심으로 형성된다. 온종일 머릿속 목소리는 누가 무엇을 왜 했는지, 우리는 어떻게 반응해야 하는지 끊임없이 논평한다.

이 내적 음성은 어떤 것은 과장하고 다른 것은 축소한다. 자기 회의와 자책은 부풀려지고, 우리의 잘못을 지적하는 피드백은 그 의미가 축소된다. 우리가 실패자이고 사랑받을 자격이 없다고 하면서도 동시에 다른 이를 비난해야 한다고 말한다. 이 음성은 늘 믿을 만하게 들리는데, 우리 자신의 목소리처럼 들리기 때문이다. 우리는 이 해석과 판단을 너무나 무비판적으로 받아들여서, "그 음성이 말한다"가 아니라 "내가 말한다"라고 여긴다.

로이드 존스가 제안하고 고라 자손이 보여준 것은, 우리 자신의 목소리가 들려주는 팟캐스트 대신 하나님 말씀의 진리에 귀를 기울여야 한다는 것이다. 우리는 익숙하게 듣던 그 내적 음성에 설교하는 법을 배워야 한다.

하나님의 선하심과 임재를 상기시키는 일상의 작은 순간들로 자신만의 설교 시리즈를 만들 수 있다. 이는 남들이 알 필요도, 인정받을 필요도 없는 개인적인 과정이다. 굳이 큰 소리로 선포할 필요는 없지만, 다른 이들을 격려할 때 자연스럽게 드러날 수 있다. 지속적으로 되풀이하다 보면, 당신은 자기 자신에게 가장 훌륭한 설교자가 될 수 있다.

상황이 진실해 보이지 않더라도 참된 것을 기억하며 자신에게 설교하라. 당신의 감정이나 내면의 목소리가 뭐라고 하든, 진리를 믿기 위해 자기 자신에게 말하라. 이런 자기 설교라는 토양에서 참된 결심이 자라날 것이다.

이 과정에서 당신은 모든 열정적인 설교자가 직면하는 딜레마를 경험하게 될 것이다. "좋은 설교 주제를 어떻게 찾을 것인가?" 멀리 갈 필요 없다. 하나님의 선하심을 더 깊이 묵상함으로써 필요한 모든 내용을 얻을 수 있다. 이를 위해서는 두 가지가 필요하다.

하나님은 나에게 어떤 분이신가에 관한 자각

하나님의 선하심은 당신의 개인적 경험이나 하나님이 당신을 위해 행하신 일을 넘어선다. 이는 당신이 참고할 수 있는 더 큰 역사가 있다는 뜻이다.

하나님의 선하심은 객관적 가치와 주관적 가치를 모두 지닌다. '객관적'이란 그 자체의 본질적 특성을 말하며, '주관적'이란 개인의 견해나 경험에 따른 가치를 의미한다. 우리 사회는 종종 주관적 가치를 객관적 가치보다 중시한다. 관계에서도 개인의 필요 충족 여부가 충성도를 결정하는 경우가 많다.

하나님과의 관계에서도 이러한 경향이 나타날 수 있다. 마치 하나님을 영적 서비스 제공자로 여기며, 개인의 경험이나 축복 정도로 그분의 선하심을 판단하는 것이다. 그러나 18세기의 조나단 에드워드는 하나님을 진정으로 누리는 것은 즉각적인 자기 이익을 넘어, 하나님의 본질에 기반한 갈망이라고 설명했다.[3] 객관적으로 하나님을 누리는 일은 우리의 개인적 경험과 관계없이 하나님의 본질적 선하심을 인식할 때 가능하다. 이는 우리가 직접 체감하는 축복이나 감정을 넘어서는, 더 깊고 근본적인 하나님 이해를 의미한다.

하나님에 대한 객관적 누림과 주관적 누림은 상호 보완적이며, 서로를 강화한다. 우리는 하나님의 객관적 탁월함 때문에 그분을 즐거워한다. 하나님은 아름다움의 근본이며, 그 어떤 존재도 하나님보다 순결하거나, 신실하거나, 경외롭거나, 지혜롭지 않다. 하나님은 의로우시며, 모든 행위가 그분의 온전한 성품에서 비롯된다. 시작도 끝도 없으시며, 오래 참으시고, 실수가 없으시며, 선하시다. 이는 나의 인생 여정과는 별개로, 하나님의 본질에 대한 객관적 사실이다.

이러한 하나님의 완전함은 동시에 우리에게 주관적 유익을 준다. 하나님은 우리에게 자비를 베푸시고, 신뢰할 만한 분이시며, 우리를 버리지 않으신다. 그분의 주권적 계획을 우리에게 계시하시고, 우리의 마음을 변화시키신다. 하나님의 신실하심은 셀 수 없이 많은 '다예누' 순간들을 통해 우리를 붙들어주셨고, 그분의 용서는 우리가 타인을 용서할 수 있게 해준다. 하나님의 본질에 대한 객관적 인식이 개인적 체험의 근간을 이루고, 이 체험은 다시 객관적 진리를 생생히 구현한다.

이렇게 요약할 수 있을 것이다.

주관적인: 하나님이 우리를 위해 행하신 일what 때문에 하나님을
예배한다.

객관적인: 하나님의 본질who 자체로 인해 하나님을 예배한다.

많은 사람이 하나님의 선하심을 생각할 때 주로 주관적인 경험에만 초점을 맞춘다. 대부분은 주관적 경험을 중심으로 하나님과의 관계를 형성한다. 많은 간증에서 사람들은 하나님이 자신을 구원하거나 돌보신 구체적인 방법에 대해 이야기한다. 이는 자연스러운 현상이며, 우리 삶에서 하나님은 실제로 다양한 방식으로 역사하신다.

그러나 '그리 아니하실지라도' 선언의 근간이 되는 확신과 결

단은 하나님의 선하심에 대한 객관적, 주관적 인식의 균형에서
비롯된다. 객관적 시각이 필요한 이유는 하나님의 선하심이 항상
우리의 기대나 소망과 일치하지는 않기 때문이다. 어려운 상황에
서도 하나님을 예배하겠다는 결심은 객관적 인식에서 나온다. 이
는 우리의 현재 경험과 무관하게 하나님은 그분의 본질로 인해
예배받기에 합당하시다는 깨달음을 의미한다.

사드락, 메삭, 아벳느고는 하나님이 그들의 바람대로 행하지
않으실지라도 예배받기에 합당하시다는 확신으로 하나님을 예
배하기로 결심했다. 그들의 도성이 침략을 당해 함락되었음에도,
하나님의 선하심이라는 객관적 사실에 입각해 행동하기로 작정
했다. 비록 불길이 그들의 목숨을 위협했지만, 누가 유일하게 예
배받을 자격이 있는지에 대해서는 의심하지 않았다. 이 결심은
하나님의 본질적인 위대함에 대한 확신에서 비롯되었다.

우리 모두는 연구를 통해 하나님을 객관적으로 이해하는 능력
을 키울 수 있다. 다행히 우리 앞서 이 길을 걸은 이들이 있다. 하
나님의 본질을 이해하고 설명하려 노력한 사람들이다. 성경에 나
오는 하나님의 이름을 공부하는 것으로 시작할 수 있고, 나아가
조직신학에서 분류한 하나님의 속성들을 탐구할 수도 있다. 하나
님에 대한 객관적 이해를 깊게 하는 것은 단순한 지적 추구라는
의미를 넘어선다. 이는 하나님의 선하심에 대한 확신을 키우는
과정이다.

C. S. 루이스는 이런 식으로 설명한다. "우리는 … 하나님의

위대한 영광에 대해 하나님께 감사하라고 배운다. 마치 하나님이 우리에게 주시는 특정한 혜택보다 하나님의 본질적 속성에 대해 더 감사해야 한다는 듯이 말이다. 실제로 우리는 그렇게 하며, 하나님을 아는 것이란 바로 이것을 아는 것이다."[4]

갈림길에서 내리는 믿음의 결단

하나님을 객관적, 주관적으로 누리는 것이 어떻게 우리의 결단을 강화하는지 마지막으로 예를 하나 들겠다. 구원의 복음은 객관적 요소와 주관적 요소를 모두 포함한다. 히브리서 저자는 예수님의 결단을 본보기로 제시하며 우리를 격려한다. "인내로서 우리 앞에 당한 경주를 하며 믿음의 주요 또 온전하게 하시는 이인 예수를 바라보자 그는 그 앞에 있는 기쁨을 위하여 십자가를 참으사 부끄러움을 개의치 아니하시더니 하나님 보좌 우편에 앉으셨느니라"12:1-2.

예수께서는 장래의 기쁨을 신뢰하며 십자가를 감당하기로 결심하셨다. 십자가 처형의 수치와 잔혹함 속에서 주관적으로 누릴 것은 거의 없었지만, 하나님의 지혜, 공의, 신실하심에 대한 확신이 그 고통을 견딜 힘을 주었다. 예수께서는 약속된 기쁨에 집중하셨다. 이것이 십자가의 고통을 덜어주지는 않았지만, 그것을 감내할 수 있게 했다. 주관적 유익은 예수님의 희생 이후에 올 것이었지만, 하나님의 객관적 선하심이 예수님의 결단을 강화했다.

예수님의 이러한 결단은 우리에게 인내로 경주할 힘을 준다.

예수께서 하나님의 선하신 계획을 의지하며 아버지의 뜻에 복종하기로 결단하신 것처럼, 우리 또한 동일한 확신을 가지고 신앙의 경주에 임하라는 부름을 받았다. 십자가를 통해 하나님이 우리에게 영원한 선을 베푸셨기에, 우리는 하나님의 선하심을 확신할 수 있다.

하나님은 그분의 객관적 완전함을 공의, 거룩함, 자비, 사랑, 그리고 죄를 다루시는 지혜를 통해 드러내셨다. 동시에 우리는 죄 사함, 양자 됨, 화목, 속죄와 같은 객관적 혜택을 받았다. 하나님의 객관적, 주관적 선하심에 대한 우리의 확신은 십자가라는 두 나무 기둥의 교차점에서 비롯된다. 복음 이야기를 통해 우리는 이 두 측면을 모두 경험할 수 있다. 한순간에 공의를 이루시면서 자비를 베푸시는, 이 놀라운 지혜의 하나님은 과연 어떤 분이신가? 반역자들을 위해 자신을 낮추어 대가를 치르신 하나님은 또 어떤 분이신가?

하나님은 의롭고 자비로우시며, 전능하시면서도 겸손하시고, 죄에 대해 완전히 진노하시면서도 죄인을 향한 은혜가 넘치시는 분이다. 객관적으로 그 누구도 그분과 같지 않다. 십자가에서 이루신 하나님의 역사로 인해, 우리 삶은 셀 수 없는 개인적 축복의 결실로 풍성해진다. 어떤 것도 우리를 그분의 사랑에서 떼어놓을 수 없으며, 하나님은 우리를 자녀로 부르신다.

이 모든 것은 하나님 아버지의 뜻에 순종하기로 한 예수님의 결단으로 인해 우리 것이 되었다. 사실 예수님의 이 결단은 우리가 자신의 십자가를 지고, 고난 속에서도 '주님, 제 뜻대로 하지 마시고 아버지의 뜻대로 하소서'라고 고백하겠다는 결심을 더욱 굳건히 한다. 나는 친구들의 삶뿐만 아니라 내 경험에서도 이것을 목격한다.

나는 한 재능 있는 예배 인도자를 알고 있었다. 그녀는 가족에 대한 사랑만큼이나 하나님의 백성을 찬양으로 이끄는 일에 열정적이었다. 결혼 후 몇 년이 지나, 그녀는 건강 문제로 고통받기 시작했다. 처음에는 단순한 통증으로 시작되었지만, 점차 악화되어 그녀는 며칠씩 침대에 누워 있어야 했다. 병은 서서히 온몸으로 퍼져갔고, 결국 폐 기능까지 악화되었다.

우리가 그녀를 위해 간절히 기도하던 중, 그녀의 남편으로부터 편지 한 통을 받았다. 편지에는 그들 앞에 놓인 힘겨운 선택에 관한 내용이 적혀 있었다.

오늘은 참으로 긴 하루였습니다. 이번 주도, 올해도 하나의 길고 긴 날과 같았습니다. 아내를 구하기 위해 사람이 할 수 있는 일은 아무것도 없습니다. 이제 모든 것이 하나님의 손에 달려 있습니다. 기적이 일어나지 않는다면, 아내는 이번 주 목요일에 하나님의 임재 속에서 영광을 돌리게 될 것입니다. 목요일을 택한 이유는 그날이 아내의 생일이기 때문입니다. 지금 상황에서 아내에게 줄 수 있는 가장 좋은 선물은 생일에 처음으로 하나님을 뵙는 기회일 것입니다.

이렇게 슬프고 충격적인 일을 어떻게 그토록 담담히 받아들일 수 있느냐고 의아해하시는 분들이 계실 줄 압니다. 그것은 제게 믿음이 있기 때문입니다. 저는 그리스도의 성육신과 십자가 죽음, 그리고 자기 백성을 구원하기 위한 부활을 믿습니다. 지금 휴대폰에도 저장되어 있지만, 바로 이 강력한 성경 구절 "죽는 것도 유익함이라"는 말씀을 아내와 제가 믿기 때문입니다.

… 어떤 일이 일어나든 저는 온 마음과 뜻과 목숨을 다해 하나님을 사랑하겠습니다. 아내가 폐질환에서 회복되어 더 오래 살게 되든, 내일 세상을 떠나게 되든, 저는 변함없이 하나님을 예배할 것입니다. 어떤 일이 일어나도 하나님은 여전히 하나님이시며, 그분의 의로우심과 거룩하심, 사랑과 은혜와 주권은 언제나 제가 온 마음을 다해 드리는 경배를 받으시기에 합당하시기 때문입니다.

그녀는 결국 그 주에 하늘 본향으로 돌아갔다. 그 이별은 평화롭되 달콤 쌉싸름함이 공존했다. 깊은 슬픔과 상실의 아픔이 우리의 결단을 시험하는 가운데, 하나님의 선하심을 향한 우리의 신뢰는 냉엄한 현실과 맞닥뜨려야만 했다. 그들은 그녀의 삶을 기리며 재 속에서도 하나님을 예배했다.

예수님의 결단은 우리의 결단을 가능하게 한다. 십자가에서 드러난 하나님의 선하심은 우리가 어떤 시련에 직면하더라도 그것을 담대히 바라보며 "그리 아니하실지라도" 하나님을 예배하기로 결심할 용기를 준다. 때로 이 결심은 위협적인 적에 대항하는 담대한 저항의 외침이 될 것이다. 또 어떤 때는 간신히 매달려 있으면서 내는 가장 희미한 속삭임이 될 수도 있다. 강할 때나 약할 때나, 우리의 "그리 아니하실지라도" 고백은 중요하다. 하나님은 결코 우리를 떠나지도, 버리지도 않으실 것이라고 약속하셨기 때문이다히 13:5. 그분은 우리가 신뢰하고 예배하는 하나님이시다.

2부

내 안의 또 다른 목소리들

런던 지하철은 도시의 혈관처럼 여러 자치구를 연결한다. 다른 대도시의 지하철과 마찬가지로, 열차가 도착하면 승객들이 오르내린다. 런던 지하철의 상징적 문구인 "(열차와 승강장 사이의) 틈새를 조심하시오"Mind the Gap는 널리 알려져 있다.

많은 역의 승강장이 곡선으로 설계되어 열차 문과 승강장 사이에 틈이 생긴다. 이 주의사항은 승강장 가장자리 곳곳에 부착되어, 승객들에게 위험 구역을 상기시킨다. 한 역에서는 1970년대 스타일의 걸걸한 음성으로 방송을 내보내기도 한다.

이는 '그리 아니하실지라도' 삶의 도전을 잘 보여주는 예시가 되기도 한다. 하나님의 선하심을 믿고 예배하려 할 때, 삶은 예상치 못한 상황들을 던져준다. 우리는 현실이라는 열차와 기대라는 승강장 사이의 간극을 주의해야 한다.

때로는 타인의 기대가 만들어낸 간극도 조심해야 한다. 부모의 인정을 갈구하는 아이처럼, 성인이 되어서도 한 번의 차가운 표정이나 말 한마디로 이 간극을 느낄 수 있다. "넌 기대에 못 미쳤어" 또는 "넌 다른 사람만큼 하지 못했어"라는 유·무언의 메시지를 받게 된다. 실망스러운 존재가 되었다는 느낌—자신에게든 타인에게든—이 한번 들기 시작하면 우리는 쉽게 지친다.

희망적인 점은, 우리의 기대와 현실 사이의 괴리가 오히려 '그리 아니하실지라도'라는 신앙 고백이 생생히 살아나는 무대가 된다는 사실이다. 만약 삶이 항상 우리 뜻대로 흘러간다면, 하나님의 선하심을 상기하거나 그분을 예배하겠다는 결심을 새롭게 할 필요가 없을 것이다. 이 간극을 인식하는 과정에서 우리는 '그리 아니하실지라도' 선언을 하며 자기 믿음을 되돌아보거나, 혹은 '가짜 가정들'—하나님이 아닌 우리에게 초점을 맞추는 사고방식—에 빠질 수 있다.

'가짜 가정들'은 종종 미묘하게 작용한다. 우리는 이것들에 사로잡혀 있음을 자각하지 못할 수 있다. 이는 의도적인 선택이라기보다는 삶에 대처하는 방식에 가깝기 때문이다. 정신없이 살다 보면 어느새 나는 그런 사람이 되어 있다. 세월이 흐르며 이런 반응들이 쌓여 하나의 행동 유형을 만들어낸다. 마치 정원의 잡초처럼, 이 반응들은 눈에 띄지 않게 자라다가 갑자기 드러난다. 가짜 가정들은 우리를 속박하여 상황에 실망하고 냉소적이 되게 할 수 있다.

'가짜 가정들'은 다양한 형태로 나타나지만, 주로 세 가지 유형으로 분류된다.

'…하기만 하면'only if, '…했더라면'if only, '…하면 어쩌지'what if.
각각의 유형을 살펴보면서, 이것들이 우리를 어떻게 제한하는
지, 그리고 하나님께서 이 가짜 가정들을 어떻게 '그리 아니하실
지라도'even if로 변화시키실 수 있는지 알아볼 것이다. 먼저는, 이
간극에 대해 더 자세히 살펴보도록 하자.

4장

내 뜻대로 되길
바라는 마음

마지막 이메일을 보내고 집으로 향하는 순간, 긴장을 풀고 쉴 수 있다는 기대에 마음이 설렌다. 이메일이 전송되는 소리는 마치 주식시장 마감 종처럼 하루의 끝을 알린다. 잠시 하루를 되돌아본다. 모임은 꽤 좋았고, 상담도 도움이 된 것 같다. 연구 시간에 약간 산만했지만 평소와 다르지 않았고, 설교 서두도 작성했다. 한 번의 불편한 대화가 있었지만, 그 상황에서 할 수 있는 최선을 다했다. 전반적으로 나쁘지 않은 하루였다.

이 정도 생각하니 머리가 멍해진다. '오늘은 열심히 일했어. 쉴 자격이 있어'라고 결론 내린다. 솔직히 약간의 인정도 받고 싶다. 짐을 챙기고 집으로 발걸음을 옮기며, 내 수고에 대한 대가를 상상한다. 퇴근길 내내 이 생각은 커간다. 휴식과 인정에 대한 욕구는 '나만의 시간'에 대한 환상을 키우고, 집에서의 책임은 점점 희미해진다. 처음에는 '조금 쉬고 인정받고 싶다'는 소망이었는데, 어느새 '휴식과 인정이 꼭 필요해'라는 확신으로 바뀐다.

집 앞에 도착할 즈음, 이 욕구는 판결문이 되어 있다. "이제 내게 당연히 주어져야 할 휴식과 인정을 요구할 때다." 속으로 이렇게 중얼거린다. "사실 별거 아닌 바람일 뿐이야. 이토록 분투하고 헌신했으니 그 정도는 당연히 누려야지."

나의 상상이 극에 달할 때면, 아이들과 아내가 차고 문소리에 하던 일을 멈추고 일렬로 서서 경외의 눈빛으로 이렇게 외치는 모습을 그려본다. "위대하신 아버지께서 돌아오셨다! 오늘도 세상을 변화시키셨으니, 최고의 찬사를 받으셔야 합니다. 아버지께 최고의 예우를 갖추고, 편히 쉬시게 해드립시다!" 집에 들어서며, 나는 이 상상 속 대우를 은근히 기대한다.

그러나 현실은 언제나 상상과 다르다. 가슴 아픈 점은, 기대했던 대우를 받지 못할 때 내가 내리는 판단이다. 주로 예민해지고 무감각해지면서, 침실로 숨어버리는 식으로 반응한다. '내가 이 가족을 위해 바친 모든 노력과 희생을 전혀 알아주지 않는군. 그들에겐 이 정도 대우가 적당하지'라고 생각하면서.

이런 과정은 우리의 기대와 현실 사이의 간극, 그리고 그 간극이 우리의 태도와 행동에 미치는 영향을 잘 보여준다. 처음에는 작은 기대로 시작했던 것이 어느새 과도한 요구로 변하고, 그 요구가 충족되지 않을 때 실망과 판단으로 이어지는 모습이 생생히 드러난다.

이 흐름을 파악했는가? 휴식에 대한 단순한 욕구가 필요로 변하고, 기대로 발전하다가, 결국 아무도 감당할 수 없는 요구로 변하는 과정이다.[1] 이런 변화는 내 삶의 다양한 영역에서 일어나며, 하나님의 은혜로 나는 이런 내면의 변화를 점점 더 잘 감지하게 되었다. 욕구에서 요구로, 그리고 실망과 판단으로 이어지는 과정이 불과 20분 만에 일어날 수 있다는 것을 깨달았다. 코로나 자가격리 기간에는 심지어 화상회의 직후 서재에서 주방까지 향하는 찰나에도 이 일련의 과정이 펼쳐지는 걸 보고 크게 놀라기까지 했다.

이런 일상의 작은 순간들에서 일어나는 일이 인생의 더 큰 영역에서도 발생한다. 욕구는 오랜 시간 동안 서서히 발효되어 우리 삶을 무의식적으로 지배하는 '기대'라는 양념으로 변한다. 5개년 계획은 마치 우리 행복의 청사진인 양 하나님께 제출되지만, 허락을 구하는 것이 아니라 자동 승인을 요구하는 것과 다름없다.

가령, 결혼에 대한 욕구는 언제, 누구와, 어떤 드레스를 입고 결혼할지에 대한 구체적인 기대로 변한다. 자녀에 대한 열망은 언제, 몇 명의 아이를, 어떤 모습으로 가질지에 대한 기대가 된다. 성공에 대한 야망은 특정 나이에 무엇을 이룰지에 대한 기대로 바뀌고, 안전을 추구하는 마음은 직장을 다니며 건강했으면 하는 내면의 바람으로 구체화된다. 이처럼 우리의 욕구, 소망, 야망은 다양하게 표현될 수 있지만, 그 발전 과정은 유사하다.

만족되지 못한 욕구가 있는 이유

나는 그런 '욕구'를 비난하는 것이 아니다. 그 자체로는 해롭지 않다. 사실 욕구 없이 사는 것은 불가능하다. 성경은 하나님이 우리의 욕구를 인정하신다고 말씀한다. "또 여호와를 기뻐하라 그가 네 마음의 소원desires을 네게 이루어주시리로다"시 37:4. 모든 사람은 사랑, 안전, 목적, 의미에 대한 욕구가 있다. 행복해지고 싶은 욕구도 있다. 따라서 휴식이나 인정에 대한 욕구도 죄스러운 것은 아니다.

하나님께서 자신의 선하심을 드러내시는 방식 가운데 하나는 우리의 갈망을 충족시켜 주시는 것이다. 하나님은 사랑과 친밀함에 대한 우리의 가장 깊은 열망을 궁극적으로 당신과의 관계에서 충족하게 하신다. 또한 공동체와 중요한 우정이라는 선물을 통해 알려지고 싶어 하는 우리의 열망을 채우신다. 나아가 하나님 안에서 만족될 때까지는 우리도 모르고 있던 깊숙한 갈증마저 드러내어 채워 주신다.

C. S. 루이스는 욕구의 작용을 이렇게 묘사한다.

피조물이 어떤 욕구를 가지고 태어났다면, 그 욕구를 만족시킬 무언가가 반드시 존재한다. 아기는 배고픔을 느끼고, 그에 상응하는 음식이 있다. 오리 새끼는 수영하고 싶어 하고, 물이 존재한다. 인간은 성적 욕구를 느끼고, 성관계가 있다. 만약 내 안에

이 세상의 어떤 경험으로도 채울 수 없는 욕구가 있다면, 가장 그럴듯한 설명은 내가 다른 세상을 위해 만들어졌다는 것이다. 세속적 즐거움이 그 욕구를 충족시키지 못한다고 해서 우주가 거짓이라는 뜻은 아니다. 오히려 이 세상의 즐거움은 그 욕구를 완전히 채우기 위한 것이 아니라, 그 욕구를 일깨워 진정한 만족을 암시하기 위한 것일 수 있다.[2]

루이스의 요점은 욕구가 충족되도록 설계되었다는 것이다. 하나님은 우리의 욕구를 사용해 우리를 당신에게로 이끄신다. 마치 내비게이션처럼 우리 마음의 궁극적 갈망, 즉 우리가 진정으로 원하는 것을 주실 수 있는 유일한 분인 하나님을 향하게 하신다. 어떤 갈증은 하나님께서 베푸시는 선한 것들로 어느 정도 해소될 수 있으나, 이 모든 것은 결국 우리의 욕구를 자극하고 좋으신 하나님에 대한 열망을 키운다.

그러므로 욕구 그 자체가 문제가 아니라, 그 욕구를 어떻게 관리하고 채우려 하는가가 관건이다. 이 깨어진 세상에서 우리의 욕구는 종종 하나님에게서 멀어지는 잘못된 방향으로 이끌릴 수 있다. 목적지를 향해 가는 대신 중간에 머물러버리는 것이다.

때로 우리는 사람이나 물질에 과도한 기대를 걸어, 그것들이 우리의 깊은 갈망을 완전히 채워줄 수 있다고 오해하기도 한다. 이는 에피타이저를 주요리로 착각하는 것과 같다. 하나님이 최고의 만찬을 준비하셨는데, 우리는 과자 부스러기로 배를 채워 식욕을 잃어버린다. 순간적인 만족감에 안주하다 보면 더 깊고 지속적인 만족을 놓치게 된다.

욕구는 때로 우리의 전부를 장악하며 점차 확대되어 기대로 발전하고, 결국 요구로 변질될 수 있다. 이 과정에서 우리 필요와 선호가 다른 것보다 우선시되면서 우리를 올바른 길에서 벗어나게 한다. 우리는 자신의 욕구 충족을 삶의 최고 목표로 삼고, 이는 자기중심적 사고와 그러한 만족을 당연히 누려야 한다는 그릇된 믿음으로 이어진다. 그리고 욕구 충족을 위해 무엇이든 하게 된다. 이렇게 욕구가 요구의 형태로 우리를 지배하게 되면, 그 성취 여부가 삶의 질과 만족도를 판단하는 기준이 된다.

시간이 지나면서 우리는 하나님을 평가하는 기준도 바꾸게 된다. 하나님을 만족의 근원으로 보지 않고, 우리 욕구 충족의 도구로 여기기 시작한다. 하나님이 우리를 사랑하신다면, 정말 선하시다면, 우리가 원하는 것을 우리가 기대하는 방식대로 주실 것이라는 은근한 기대를 품는다.

이러한 변화는 하룻밤 사이에 일어나지 않는다. 이런 기대들은 가장 순수한 욕구에서 시작되며, 종종 하나님 나라를 향한 마음이 함께하기도 한다. 처음에는 하나님을 모든 것을 구할 수 있는 선하신 하늘 아버지로 여긴다.

욕구는 주로 "하나님, 하나님께서 …해주시면"이라는 겸손하고 절박한 기도로 표현된다.

병을 고쳐주신다면

구원해주신다면

움직여주신다면

역사하신다면

공급하신다면

우리는 이 상황에서 하나님이 영광받으시길 원한다. 하나님의 뜻이 이루어지길 바란다. 우리가 구하는 것이 선하고 진실한 믿음에서 나온 것이라 확신한다. 하지만 반복된 좌절을 겪고 여러 번 어려움에 부딪히면서, 이 욕구는 서서히 "하나님, 하나님께서 …하시기만 하면"only if이라는 기대로 변한다.

"하나님, 나를 위해 예비하신 사람을 데려오신다면"은 "하나님, 내가 갈망하는 사람을 주시기만 하면 행복해질 것입니다"로 변한다.

"하나님, 우리가 아이를 가진다면"은 "하나님, 우리에게 아이를 주시기만 하면, 인생이 달라질 거예요"가 된다.

"하나님, 내가 이 세상에서 변화를 일으킨다면"은 "하나님, 내 일이 변화를 만들어내기만 하면 좀 내세울 만한 인생이 되겠지요"로 바뀐다.

"하나님, 내 병을 고쳐주신다면"은 "하나님, 내 병을 고쳐주시기만 하면 하나님을 신뢰하겠습니다"가 된다.

욕구가 기대로 변할 때, 하나님의 선하심에 대한 인식은 우리가 원하는 것의 한계에 갇히게 된다. 유진 피터슨은 이런 동기가 어떻게 발전할 수 있는지를 이렇게 설명했다. "사람들은 우리의 기대를 넘어 일하시는 하나님을 신뢰하기보다, 자신이 필요하다고 여기는 것을 얻기 위해 하나님에게서 기적을 끌어낼 수 있는 지렛대를 찾으려 한다. 그들에게 기적은 하나님과 거의 무관하다. 그저 자신들이 원하는 것을 얻기 위한 수단일 뿐이다."[3]

당신은 욕구와 관련하여 하나님을 어떻게 보는가? 하나님을 당신이 갈망하는 진수성찬으로 보는가, 아니면 그저 그 음식을 가져다주는 종업원으로 보는가? 하나님께 이렇게 기대하고 요구할 때, 보통 그것들을 여러 형태의 조건으로 포장한다. "…하기만 하면"이라는 조건들은 고정된 기대들—진정한 욕구가 완고한 요구로 굳어진 것—이며, 계속 그러하다면 우리는 하나님이 하려 하시고 실제로 행하시는 일—우리의 목적과 기쁨이 아닌, 하나님의 지혜로운 목적과 선한 기쁨에 따른—을 보지 못한다.

당신은 비교 게임에서 절대 이길 수 없다

조건은 두 부분으로 구성된다. 조건절은 "만일"로 시작하여 특정 조건들을 제시하고, 귀결절은 "그렇다면"으로 시작하여 그 조건들이 충족될 때의 결과를 진술한다. 하지만 문법에 얽매이지 않고 조건의 본질을 이해해야 한다. 조건은 우리의 일상 활동, 상호작용 그리고 대부분의 관계를 형성한다. 조건 없는 관계는 상대방의 행동과 무관하게 헌신하는 것을 의미한다. 반면 조건적 관계는 특정 기준에 따라 유지되며, 상호 이익이 있을 때만 지속된다. 이는 개인 간의 관계뿐만 아니라 조직과의 관계에도 적용된다. 예를 들어, 코스트코나 헬스클럽의 평생 회원권은 이러한 조건적 관계를 잘 보여준다.

조건은 관계의 본질을 왜곡할 수 있다. 결혼생활에서 무조건적 서약 대신 조건부 약속이 지배하면 관계가 변질된다. "아플 때나 건강할 때나, 부요할 때나 가난할 때나 나는 당신을 선택한다"는 무조건적 서약이 "당신이 나를 행복하게 하는 한" 또는 "당신이 …하지 않는 한"과 같은 조건부 관계로 바뀐다. 이 경우 개인의 욕구가 관계에 투자하는 정도를 좌우하게 된다. 그 결과 용서는 비난으로 변질되고, 상대방의 책임 인정 여부에 따라 좌우되는 조건부 행위가 된다.

조건은 인간과 하나님과의 관계도 왜곡시킬 수 있다. 빌 클라크 박사는 이를 간단한 예로 설명한다. 우리는 현재 상황(B)에서 기도해온 선호하는 미래(A)를 기대하고, 하나님이 그것을 이루어 줄 것으로 믿는다. 우리는 성경에서도 A에 이르게 될 것이라는 믿음을 뒷받침하는 내용을 찾으려 한다.

클라크 박사는 묻는다. "하나님이 우리를 B에서 A로 인도하는 데 관심이 없으시다면? 오히려 하나님이 우리를 A′로 이끌기 위해 일하고 계신다면?"[4]

여행을 예로 들어보자. 하나님을 항공기라고 가정해보자. 당신은 그 항공기가 현재 있는 곳, 이를테면 마이애미에서 원하는 목적지인 뉴욕으로 데려다줄 것이라 믿는다. 당신은 뉴욕에 대해 기도하고, 자세히 알아보고, 주변 사람들에게 이야기한다. 여행 정보 사이트에 접속해 뉴욕에서 할 일들을 찾아본다. 뉴욕 첼시 지역에 근사한 숙소도 잡아두고, 심지어 브로드웨이 최고 인기 뮤지컬 〈해밀턴〉 티켓까지 구한다. 뉴욕에 대한 기대감으로 가득 차, 라과디아 공항에 내릴 날만 기다리고 있다.

그런데 비행기에서 내리자 당신은 생각했던 곳에 있지 않다는 것을 깨닫는다. 건물의 스카이라인 대신 산들이 보인다. 불야성의 도시에 있는 게 아니라 잠들지 않기 위해 애써야 한다. 하나님은 당신을 뉴욕이 아닌 다른 곳으로 인도하신 것이다.

당신은 어떻게 반응할 것인가? 실망과 슬픔에 빠질 수도, 급히 다른 결정을 내릴 수도 있다. 심지어 히치하이킹을 해서라도 스스로 문제를 해결하려 들 수도 있다. 아니면 당신의 조건을 더 강하게 주장하며 하나님께 뉴욕행을 요구할 수도 있다. 그게 공정하고 합의된 것이라며 말이다. 자세히 들여다보면 '…하기만 하면'이라는 조건이 이 모든 반응의 동기임을 알 수 있다.

사실 원하는 목적지에 도달하려는 집착이 강할수록, '…하기만 하면'이라는 조건도 더 강해진다. 그리고 그 조건이 강해질수록 하나님이 다른 뭔가를 하신다면 더 크게 실망한다. 그렇게 되면 뜻밖의 종착지에서 하나님께서 당신을 위해 마련하신 아름다움과 기회를 놓치게 된다. 우리가 계획하지 않은 곳에서 마주치는 새로운 가능성과 성장의 기회들은, 종종 고정관념과 실망감에 가려져 제대로 인식되지 못한다. 우리는 흔히 현 상황을 제약으로 인식하며, 그 속에 감춰진 잠재력을 간과한 채 스쳐 지나간다.

그리고 당신이 있는 곳의 가능성을 보지 못할 때, '…하기만 하면'이라는 조건부 사고방식은 더욱 강해진다. 조건들은 어떤 형태로든 실망에 대한 대가를 치르게 한다. 때로는 분노와 냉소의 형태로, 때로는 비판적이고 판단적인 태도로 나타난다. 확실한 결과를 보장받고 싶어서 자신의 계획을 더 단단히 붙잡으려 할 수도 있다.

'…하기만 하면'이라는 조건은 우리의 마음을 완고하게 만드는 몇 가지 부작용이 있다. 첫째, 그런 조건들은 우리를 비교의 늪으로 빠뜨린다. 특히 다른 이들이 우리가 바라던 목적지를 향해 가고 있음을 알게 될 때 더욱 그렇다. 비교는 '하기만 하면' 조건을 강화한다. 하나님이 그들에게 해주신 것을 나에게도 해주시리라 기대하게 되기 때문이다. "하나님이 그들을 위해 하신 일을 나를 위해 해주시기만 하면 나는 가치 있는 사람이 될 거야"라는 생각 말이다.

하지만 당신은 비교 게임에서 절대 이길 수 없다. 결과는 언제나 현실을 왜곡할 뿐이다. 경쟁자보다 낫다고 생각해서 자만과 허영에 빠지거나, 누군가가 더 낫다고 여겨 자기 연민에 빠지거나 둘 중 하나다. 두 시나리오 모두 하나님이 당신에 대해 말씀하시는 바를 무시한다. 하나님은 당신이 스스로 생각하는 것보다 더 나쁘지만(당신의 자만을 꺾으신다), 당신이 상상할 수 있는 것보다 더 사랑받고 소중한 존재라고(당신의 자기 연민을 이길 수 있다) 말씀하신다.[5]

조건은 수치심으로도 이어질 수 있다. 헤더 넬슨은 《부끄럽지 않은 Unshamed》에서 '하기만 하면'이라는 표현이 우리가 되고자 하는 이상적인 모습을 향한 조건적 접근을 나타낸다고 설명한다. 이 관점에 따르면, 우리의 가치는 사랑과 인정을 받기 위해 스스로 설정한 기준들을 끊임없이 충족시키는 능력에 좌우된다.[6] 이것은 일종의 삶의 규칙이 되어, 우리가 사랑받을 자격이 있는지를 판단하는 기준이 된다.

"품행 바른 자녀를 두면 주위에서 존경받을 거야."

"적절한 사회 집단에 속하면 사랑받고 인정받겠지."

"결혼하면 교회에서 쓸 만한 사람으로 인정해주겠지."

이러한 조건을 충족하지 못할 때마다, 우리는 부족하다는 수치심을 느낀다. 마치 하나님의 기준에 미치지 못했다는 느낌을 주지만, 사실은 우리가 하나님께 부과한 자신의 기준일 뿐이다.

조건적 사고의 가장 비극적인 결과는 하나님에 대한 신뢰를 잃는 것이다. 우리의 기대와 다른 방식으로 일하시는 하나님을 의심하게 되는 것이다. 조건이 충족되지 않으면 하나님을 불신하게 되고, 스스로 상황을 통제하려 든다. 이는 성급한 결정, 타협, 차선책에 대한 만족으로 이어질 수 있다. 결국, 우리는 우리 자신의 신이 되려고 시도하게 된다.

조건을 달지 않은 믿음을 보여준 욥

'…하기만 하면'이라는 조건적 사고는 우리만의 문제가 아니었다. 사드락, 메삭, 아벳느고도 "당신이 우리 성읍을 보존하고 필요를 채워주기만 하면 헌신하겠습니다"라는 조건에 빠질 수 있었다. 하나님의 백성은 대부분의 관계에서 이런 조건들을 하나님보다 앞세웠다. 그러나 그들은 자신의 역할을 다하지 못했고, 결국 하나님은 그들을 내버려두셨다.

그러나 위기 앞에서 사드락, 메삭, 아벳느고는 "그리 아니하실지라도 우리는 다른 신을 섬기지 않겠다"라고 선언했다. 그들은 '하기만 하면'이 아닌 '그리 아니하실지라도'를 선택한 것이다.

욥의 이야기도 비슷하다. 그는 재산, 자녀, 신앙이 모두 풍성했다. 욥이 하나님을 사랑할 조건이 차고도 넘쳤다. 모든 욕구가 충족되었기에 하나님을 사랑한다고 여길 만했다.

욥의 이야기는 그의 신앙에 대한 추정을 바탕으로 전개된다. 참소자는 하나님 앞에서 "욥이 이유 없이 하나님을 경외하겠습니까? 그의 모든 것을 축복하셨기에 그가 당신을 섬기는 것 아니니까? 그의 소유를 치시면 틀림없이 당신을 저주할 것입니다"라고 주장한다욥 1:9-11 참고. 즉, 참소자는 욥의 헌신이 단지 하나님이 그의 조건을 충족시켜주셨기 때문이라고 말한다. 욥의 자녀들, 재산, 인격까지도 모두 '하기만 하면'의 결과라는 것이다. 그것을 제거하면 욥의 밑천이 다 드러날 것이라고 한다.

그리하여 욥의 조건들은 극단적으로 뒤집힌다. 자녀들은 하루 아침에 모두 죽고, 재산은 사라지며, 삶은 무너진다. 그러나 욥의 반응은 예상을 뒤엎는다. "욥이 일어나 겉옷을 찢고 머리털을 밀고 땅에 엎드려 예배하며 이르되 내가 모태에서 알몸으로 나왔사온즉 또한 알몸이 그리로 돌아가올지라 주신 이도 여호와시요 거두신 이도 여호와시오니 여호와의 이름이 찬송을 받으실지니이다 하고 이 모든 일에 욥이 범죄하지 아니하고 하나님을 향하여 원망하지 아니하니라"욥 1:20-22. 그는 이 모든 일에 죄를 짓지 않고 하나님을 원망하지 않았다.

욥의 반응은 복잡하지만 깊이가 있다. 그가 비극에 무감각했던 것은 아니다. '그리 아니하실지라도' 고백은 고난을 가볍게 여기는 것이 아니기 때문이다. 욥은 겉옷을 찢고 머리털을 밀어 깊은 슬픔을 표현했다. 강렬한 애도와 슬픔을 나타내는 고대 근동의 표현이었다.

"내가 모태에서 알몸으로 나왔사온즉 또한 알몸이 그리로 돌아가올지라"라는 말은 그의 절망적 상황 인식을 보여준다. 욥은 자신이 아무것도 없이 태어났고, 그렇게 죽을 것임을 자각했다. 어쩌면 죽음을 바랐을지도 모른다.

그러나 욥은 범죄하지 않고 하나님을 원망하지 않았다. 오히려 여호와의 이름을 찬송했다. 욥은 삶의 시작부터 마지막까지 하나님의 공급하심을 인정하고 의지하며 새롭게 헌신했다. 비록 그 단어를 쓰지는 않았지만, 욥은 고통스러운 가운데 '그리 아니하실지라도' 선언을 한 것이다.

욥의 고난은 그가 이미 겪은 견딜 수 없는 시련으로 끝나지 않았다. 참소자는 다시 나타나 욥의 반응이 진정한 헌신이 아니라고 암시했다. 욥의 신념은 자녀나 재산보다 더 깊은 곳에 뿌리를 두고 있다는 것이다. "가죽으로 가죽을 바꾸오니 사람이 그의 모든 소유물로 자기의 생명을 바꾸올지라 이제 주의 손을 펴서 그의 뼈와 살을 치소서 그리하시면 틀림없이 주를 향하여 욕하지 않겠나이까"2:4-5. 참소자는 욥을 질병으로 괴롭히면 하나님에 대한 그의 헌신이 그저 육체적 평안에 기반했음에 불과함을 증명할 수 있다고 주장했다.

이에 욥은 온몸을 뒤덮은 종기로 인해 또 한 번 고통을 겪게 된다. 그는 문자 그대로 재 속에 앉아 딱지를 긁으며 고름을 짜냈다. 심지어 욥의 아내조차 자신의 비극적인 상황을 인정하며 하나님을 저주하고 죽으라고 말했다.

그러나 욥의 반응은 달랐다. "우리가 하나님께 복을 받았은즉 화도 받지 아니하겠느냐 하고 이 모든 일에 욥이 입술로 범죄하지 아니하니라"2:10. 이 말은 단순한 체념이 아니라, 하나님의 주권을 인정하는 '그리 아니하실지라도'의 자세를 보여준다. 오히려 욥은 극심한 고통 가운데서도 하나님을 향한 신뢰를 놓지 않왔던 것이다.

필립 얀시는 이를 "양손잡이 믿음"이라고 표현했다. 한 손에는 고난과 좌절된 희망을, 다른 한 손에는 여전히 역사하시는 하나님에 대한 굳건한 믿음을 쥐고 있는 상태를 말한다.[7] 이러한 믿음은 인생이 특정한 방식으로 흘러가야 한다는 조건에 얽매이지 않는다. 양손잡이 믿음은 "그리 아니하실지라도" 태도로 삶을 대하는 사람의 근간을 이룬다.

하나님과의 관계를
거래가 아닌 축복으로 보라

욥기의 나머지 부분은 욥의 '그리 아니하실지라도' 신앙의 다양한 측면을 보여준다. 특히 친구들과 이웃들이 그의 실패를 지적하려 할 때, 욥은 이러한 삶의 자세를 굳건히 유지했다. 그의 결심은 흔들렸지만, 믿음과 의심 사이를 오가며 그 자세를 지켰다.

욥의 친구들은 처음에는 일주일 내내 그와 함께 말없이 앉아 있었다. 하지만 상황은 곧 변했다. 그들은 욥에게 그가 분명 하나님의 뜻을 어겼을 것이라고 설득하기 시작했다.

이 변화는 중요한 의미를 지닌다. 처음에는 한 참소자가 하나님께 욥의 충성심이 단순히 축복의 결과라고 주장했다. 그러나 이제는 여러 참소자가 욥에게 그의 비극이 하나님의 뜻을 거스른 결과라고 압박한다. 그들은 욥이나 그의 자녀들이 분명 죄를 지었을 것이라고 단정 지었다.

오늘날에도 사람들은 선의를 가지고 우리의 고난과 실망에 대해 비슷한 설명을 제시한다. 피트 그레이그는 그의 기도에 관한 책에서 이런 상황을 생생하게 묘사했다. "[사람들은] 내 아내가 아프다는 말을 들으면, 눈을 뚫어지게 바라보며 이런저런 조언을 한다. 아내를 위해 더 나은 방법으로 기도하라거나, 어떤 저주를 끊으라거나, 아내가 특정 태도를 회개하게 하라고 한다. 또는 특정 영양제를 먹으라거나, 어떤 치유 사역을 찾아가보라고 한다. 심지어는 양쪽 귀에 마늘을 꽂고 '할렐루야'를 외치며 물구나무서기를 하라고 조언하기도 한다."[8]

이러한 조건들은 마치 하나님을 달래고 원하는 것을 얻기 위한 방법처럼 제시된다. 하지만 이는 인생의 복잡성과 불확실성을 제대로 설명하지 못할 뿐만 아니라, 하나님의 신비를 지나치게 단순화한다. 더 나아가 이는 하나님을 마치 고난받는 이에게 일련의 거래 조건들을 제시하는 분으로 잘못 묘사한다. "네가 이렇게 하지 않았기 때문에", "네가 이렇게만 한다면", "네가 이런 일을 하면" 등의 표현에 잘 묻어난다.

이런 사고방식은 인생이 특정한 패턴을 따르며, 원하는 것을 얻지 못한다면 그 패턴을 따르지 않았기 때문이라고 가정한다. 종교는 종종 이런 식으로 작용한다. 네가 맡은 부분을 이행하면 하나님도 그분의 몫을 하실 것이라는 식이다. 뭔가가 예상대로 되지 않으면, 다시 점검하고 조건을 충족시키라고 한다. 이는 하나님과의 관계를 거래적으로 보는 시각이다. "네 몫을 다하면 하나님이 너를 축복하실 것"이라는 생각이다.

당신은 안팎에서 쇄도하는 이런 '…하기만 하면' 식의 조건들과 어떻게 맞서 싸울 것인가? 이렇게 하라. 하나님의 선하심으로 돌아가, 당신의 '하기만 하면'에 '그리 아니하실지라도'를 선언하는 것이다. 주변에서 제시하는 조건들을 마주할 때, 스스로 이렇게 물어보라. "하나님의 선하심은 진정 무엇을 의미하는가? 하나님은 정말 내가 복을 받으려면 먼저 내 몫을 다해야 한다고 요구하시는 분인가?"

우리가 조건들에 집착하는 까닭은 하나님께서 축복을 아껴가며 쥐고 계시면서 때맞춰 내려주시지 않는다고 무의식중에 믿고 있어서일지도 모른다.

그러나 성경의 큰 그림을 보면, 하나님은 우리에게 무언가를 요구하시기 전에 먼저 우리에게 헌신하신다는 사실을 알 수 있다. 하나님은 우리에게 요구하시기 전에 먼저 자신을 내어주신다. 명령하시기 전에 구원하신다. 지시하시기 전에 사랑을 호소하신다. 하나님은 우리의 하나님으로서 먼저 언약을 맺으시고, 그다음에 우리를 그분의 자녀가 되도록 초청하신다.

하나님의 자녀가 되는 데는 분명 조건이 따른다. 하나님은 우리의 순종과 신뢰, 충성을 바라신다. 또한 우상을 버리고 하나님 안에서 생명을 찾길 원하신다. 그러나 하나님은 "네가 순종하기만 하면 내가 너의 하나님이 되겠다"라고 하시지 않는다. 대신 "나는 너를 구원한 네 하나님이다. 이제 너는 내 자녀가 될 수 있다"라고 선언하신다. 하나님은 우리가 그분의 조건을 충족시킬 때까지 기다리시지 않는다. 오히려 우리가 그분의 도움 없이는 어떤 조건도 충족시킬 수 없음을 아시면서도 우리에게 헌신하신다.

예수님의 '그리 아니하실지라도' 선언

언약의 하나님, 긍휼이 많으신 하나님은 우리에게 그분을 신뢰함으로 '…하기만 하면' 사고방식에서 벗어나라고 명하신다. 하나님은 당신의 삶에서 행하시는 일을 아시며, 당신을 잊지 않으신다. 당신이 원하던 곳에 있지 않더라도, 그것이 하나님이 당신을 소홀히 여기신다는 뜻은 아니다. 뭔가를 기대하는 것은 좋다. 다만 그 기대를 열린 마음으로 품되, 더 나아가 지금도 일하시는 선하신 하나님의 손에 맡기라.

조건에 대해 마지막으로 주목할 점이 있다. '…하기만 하면'이라는 조건부 태도와는 달리, 하나님께 겸손히 제시할 수 있는, 종류가 사뭇 다른 간구가 있다. 이는 팔짱을 끼고 요구하는 대신, 절박한 상황에서 하나님의 개입을 간절히 구하는 중보기도의 형태를 띤다.

누가복음에는 한 나병 환자가 예수께 나아와 엎드려 간청하는 장면이 나온다. "주여 원하시면 나를 깨끗하게 하실 수 있나이다"5:12. 그 시대에 나병 환자들은 사회로부터 완전히 소외된 존재였다. 이 나병 환자는 절박한 심정으로 자신을 치유하실 수 있는 유일한 분 앞에 엎드렸다. 그는 자신의 처지를 호소하면서도, 한 가지 조건을 달아 그 결과를 하나님께 맡겼다. 자신의 소망과 필요를 드러내고 나서, 하나님의 자비에 자신을 맡긴 것이다.

"당신이 원하시면 당신은 고치실 수 있습니다." 이는 사드락, 메삭, 아벳느고가 보여준 것과 같은 종류의 확신이다. "우리 하나님은 원하시면 구원하실 수 있습니다." 이 단순해 보이는 청원에는 무한한 신뢰가 배어 있다. 이는 요구가 아닌, 가능성과 소망을 내포한 조건이다.

나는 신생아 집중치료실 대기실에서 임신 23주 된 아기를 분만하는 가족이 이런 믿음을 속삭이는 것을 들었다. 또 알코올 중독자를 둔 낙심한 배우자와 함께 이런 조건을 걸고 기도한 적도 있다. 그 중독자의 삶은 날로 악화되어 주변 사람들까지 고통에 빠뜨리고 있었다. 한편, 중요한 면접을 앞둔 친구와도 문자로 "주님의 뜻이라면"이라는 믿음으로 서로 격려하기도 했다.

이런 기도에는 교만하게 상황을 통제하려는 의도가 전혀 없다. 이는 앞서 언급한 '…하기만 하면' 식의 조건과는 완전히 다르다. 이런 기도들은 '그리 아니하실지라도'를 받아들일 각오가 되어 있는 예배자들이 무력감과 절망감 속에서 겸손하게 드리는 간청이다.

"원하시면… 하실 수 있나이다." 그러나 주께서 그리 아니하실지라도, 우리는 계속해서 기도하고 주님을 의지할 것이다. 주님은 우리의 전부이시며 우리의 하나님이시기 때문이다. 우리는 계속해서 우리와 우리가 사랑하는 모든 이들을 향한 하나님의 자비로운 돌보심을 신뢰할 것이다. 비록 하나님이 우리가 구하는 방식 그대로 응답하지 않으실지라도 말이다.

'그리 아니하실지라도'의 삶이 지닌 힘은 우리가 열정적으로 기도하고 우리 소원을 구하면서도, 동시에 하나님의 주권과 선하심을 신뢰한다고 선언하는 데서 나온다. 우리의 헌신은 하나님이 우리 기도에 어떻게 응답하시는가가 아니라, 기도하는 대상인 하나님의 성품에 기초한다. 오직 하나님만이 지혜로우시고 선하시다. 우리는 그 하나님을 신뢰할 수 있다.

예수께서 배신당하시던 밤에 우리는 '그리 아니하실지라도' 헌신의 정점을 목격한다. 예수께서는 겟세마네 동산에서 몇몇 제자들과 함께 자신의 마음을 털어놓으셨다. 그분은 제자들이 깨어 있지 못하는 모습과 함께, 한 제자의 배신으로 인한 새로운 고통도 느끼셨다.

더욱이 예수께서는 십자가에서 겪게 될 버림받음을 예상하셨다. 세상 죄를 지실 때 일어날 성부와의 일시적이고 상상할 수 없는 단절을 말이다. 이는 십자가 처형 자체보다도 더 큰 고난이 될 것이었다.

나병 환자처럼, 예수께서도 자신의 조건을 제시하셨다. "아버지여 만일 아버지의 뜻이거든 이 잔을 내게서 옮기시옵소서"눅 22:42. 예수께서도 다른 방법을 구하셨다. 그러나 하나님 아버지는 그 잔을 옮기지 않으셨다. 예수님은 세상 죄를 지심으로써 나병 환자처럼 부정하게 되셔야 했다. 희생제물인 어린 양은 반드시 십자가로 가야만 했다.

그리고 예수께서는 자신의 '그리 아니하실지라도'를 선언하셨다. "그러나 내 원대로 마시옵고 아버지의 원대로 되기를 원하나이다"22:42. 아버지께서 이 잔을 옮기지 않으실지라도, 자신의 뜻이 아닌 아버지의 뜻이 이루어져야 한다고 하셨다. 예수께서는 하나님의 뜻이 온전하고 그 길이 선하다는 것을 믿으며, 자신의 소망을 아버지의 뜻에 맡기셨다. 예수님의 이 선언은 죽기까지, 심지어 십자가에서 죽기까지 자신을 낮추시는 행동이었다빌 2:8.

이는 당신의 정체성과 가치를 확고히 하기 위해 '…하기만 하면'이라는 조건에 집착할 필요가 없다는 의미이다. 예수께서 십자가에서 치르신 대가는 당신이 그분의 생명을 내어주실 만큼 귀중한 존재임을 말해준다. 이제 당신은 수치 속에 숨지 않아도 된다. 하나님이 우리에게 요구하셨을 모든 조건을 예수님이 완전히 충족하셨다. 그분의 영은 이제 당신 안에 거하신다.

하나님은 신뢰할 만한 분이시다. 당신 앞에 놓인 길이 아무리 험난하고 낯설어 보여도, 하나님께서 당신을 구원하시고 보호하시기 위해 어디까지 가실 수 있는지를 십자가는 깨닫게 해준다. 하나님은 당신을 버리지 않으실 것이다. 당신의 미래를 확보하는 것은 더 이상 당신의 짐이 아니다.

조지 에버레트 로스는 우리가 '…하기만 하면'을 내려놓을 때 믿음이 어떤 모습인지 잘 요약했다. 욥의 '그리 아니하실지라도'에서 얻는 격려는 우리를 예수님께로 아름답게 인도한다.

나는 두 종류의 믿음이 있음을 깨달았다. 하나는 '만일'if이라 하고, 다른 하나는 '할지라도'though라고 한다. '만일'의 믿음은 이렇게 말한다. "만일 모든 일이 순조롭고, 내 삶이 번창하며, 내가 행복하고, 사랑하는 이들이 모두 살아있고, 내가 성공한다면, 그때 하나님을 믿고, 기도하고, 교회에 가며, 헌금할 것이다."

반면 '할지라도' 믿음은 이렇게 말한다. "비록 악이 득세하고, 내가 겟세마네에서 고뇌하며, 갈보리에서 고난의 잔을 마셔야 할지라도, 그럼에도 나는 나를 창조하신 주님을 신뢰하겠다." 이것이 바로 욥이 "그가 나를 죽이실지라도 나는 그를 신뢰할 것이다"라고 외친 이유이다(개역개정에는 "그가 나를 죽이시리니 내가 희망이 없노라"로 다르게 번역되어 있다—옮긴이).[9]

5장

겉으론 괜찮은 척,
속으론 흔들리는 믿음

1990년대 말, 기네스 펠트로는 로맨틱 영화 〈슬라이딩 도어즈〉의 주인공으로 출연했다. 주인공 헬렌(펠트로 분)은 해고 후 위로를 받고자 남자친구 게리에게 향하지만, 게리는 비밀리에 바람을 피우고 있었다. 헬렌이 게리의 불륜을 목격하면서 일련의 사건이 시작되고, 이를 통해 그녀는 독립적으로 성장하며 진정한 자아와 새로운 사랑을 발견한다.

사실 이 줄거리는 꽤 전형적이다. 주인공의 비통한 경험, 자기 발견, 새로운 사랑 그리고 해피엔딩이라는 공식을 따른다. 여기에 재치 있는 친구, 위기의 순간들, 주인공의 숨은 재능을 끌어내는 매력적인 이방인(미래의 연인) 등 장르의 전형적인 요소들이 더해진다.

〈슬라이딩 도어즈〉의 독특한 점은 사소해 보이는 한순간을 분

기점으로 두 개의 병행하는 이야기 줄기를 전개한다는 것이다. 헬렌이 집으로 가는 기차를 타느냐 못 타느냐의 순간이 그것이다. 헬렌이 기차를 놓친 후, 영화는 10초 전으로 돌아가 그녀가 기차를 탔더라면 어떤 일이 벌어졌을지 상상한다.

이후 두 개의 현실이 번갈아 펼쳐진다. 한 현실에서 헬렌은 집에 늦게 도착해 남자친구의 불륜을 발견하지 못하고, 계속해서 속임을 당하며 산다. 우리는 좌절하고 지친 헬렌의 모습을 지켜본다. 그녀는 자신이 얼마나 어리석게 속고 있는지 모른 채, 두 곳에서 웨이트리스로 일하며 자신도 모르게 배신자 남자친구의 거짓말을 돕는 역할을 한다.

다른 현실에서 헬렌은 게리의 불륜 현장을 목격하고 즉시 그를 떠난다. 그녀는 머리를 자르고(이별 후 여성들의 전형적인 행동), 독립적으로 새 삶을 시작하며, 이런 장르의 영화에서 흔히 볼 수 있는 전개를 따른다.[1]

이 영화는 우리 모두가 때때로 고민하는 것을 창의적으로 보여준다. 바로 '만약에'if onlys라는 가정 속에서 펼쳐지는 또 다른 삶이다. 이는 우리가 상상하는 삶과 실제 삶 사이의 간극을 인식할 때 마주치는 두 번째 '가짜 가정'이다.

배우 필립 세이모어 호프만은 작고하기 2년 전 한 인터뷰에서 이런 좌절감에 대해 언급했다. 아서 밀러의 〈세일즈맨의 죽음〉에서 윌리 로만 역을 맡은 그는, 70년 된 이 브로드웨이 쇼가 전 세계적으로 주목받는 이유를 설명했다. "자신이 무엇이 되어야 하는지, 혹은 될 것인지 또는 자녀들의 미래에 대한 독특한 비전을 가졌지만 그것이 실현되지 않는다는 생각은 언제나 사람들의 마음을 움직이는 주제입니다."[2] 모든 사람은 '될 수 있었던 나'와 '현재의 나' 사이에서 갈등한다. 여기서 다시 그 성가신 간극이 나타난다.

인생이 얼마나 성공적인지와 계획대로 진행되는지와 상관없이 우리는 모두 '그때 다른 선택을 했다면 지금 나는 어떻게 되었을까?'라고 자문한다. 때로는 단순한 호기심에서 이런 생각을 한다. 우리의 상상력이 다양한 가설 시나리오를 펼쳐 보이는 것이다. '다른 대학에 갔다면? 다른 직업을 선택했다면? 다른 사람과 결혼했다면 인생이 어떻게 달라졌을까?'

아이들조차 간식을 고른 직후에 '쿠키 대신 아이스크림을 선택했다면' 어땠을까 생각한다. 더 심각한 상황에서는, 빈둥거리지 않고 부모 말을 들었다면 어땠을까 하고 후회하기도 한다.

인생이 기대에서 벗어날 때, 이러한 의문은 한층 더 간절해진다. 완전히 다른 삶에 대한 고통스러운 열망에서 이런 의문이 솟아나는 것이다.

'나를 속이지 않는 배우자를 만났다면?'
'그 실수만 하지 않았다면?'
'지금쯤 결혼했다면?'
'아이가 만삭으로 태어났다면?'

'그 사고만 아니었더라면?'

'검사 결과가 달랐더라면?'

'부모님이 아직 살아계셨더라면?'

이런 궁금증은 "내 인생에서 뭔가 다른 일이 일어났더라면"이라는 미련으로 이어진다. 과거의 실패를 후회하거나 다른 현재를 꿈꾸는 것과 상관없이, '했더라면'이라는 생각은 현재 상황에 대한 불만족에서 비롯된다. 이는 '…하기만 하면'이라는 조건과 마찬가지로 충족되지 않은 욕구에서 생겨난다. 차이점은 '…하기만 하면'은 요구로 변한 욕구이고, '…했더라면'은 후회로 표현된 욕구라는 점이다. '했더라면'도 똑같이 마비시키는 힘이 있어, 아무것도 바뀌지 않을 것이라는 체념을 낳는다. 우리의 정체성이나 인생의 운명에 대해서도 마찬가지다.

당신은 과거 선택의 총합이 아니다

'…했더라면'이라는 후회는 자기 잘못과 실패를 바라보는 방식에서 온다. 지우거나 극복할 수 없어 보이는 과거 실수들이 당신을 사로잡는다. 취소하고 싶은 발언, 다르게 다뤘어야 할 관계, 타인에게 깊은 상처를 남긴 순간들 같은 수치스러운 기억들이 있다. 다시 내렸을 법한 결정들, 되돌리고 싶은 선택들이 있다.

우리 모두는 마음 깊은 곳에 이런 후회를 품고 있으며, 이는 의식적이든 무의식적이든 우리의 행동에 영향을 미친다. 나는 메리라는 훌륭한 여성과 함께 사역했다. 메리는 교회에서 열정적으로 활동했고, 그녀의 믿음은 다른 이들에게 영감을 주었다. 메리는 고등학교 여학생들을 위해 헌신했고, 밤늦은 전화도 받으며 그들을 지도하는 데 많은 시간을 할애했다. 동네 식당이 그녀의 상담소였다. 우리는 정기적으로 만나 그녀의 사역에 대한 최신 소식을 나눴다.

한 만남에서 메리는 자신의 사역에서 손을 떼고 있다고 알려왔다.

"더는 이 일을 계속할 수 없을 것 같아요." 그녀는 눈물을 흘리며 말했다.

"무슨 일이에요?" 놀란 나는 물었다. 메리는 내 최고의 리더 중 한 명이었기 때문이다.

"두 개의 삶을 사는 것 같아요." 그녀가 답했다.

그 순간 갖가지 불길한 상상이 내 머릿속을 휘젓고 지나갔다. 솔직히 메리를 어떻게 돕겠다는 생각보다는 이 상황을 어떻게 수습할지 걱정이 앞섰다.

메리는 계속해서 말했다. "과거의 끔찍한 비밀이 있어요. 이렇게 수치심과 위선 속에 사는 것이 너무 지쳤어요."

그녀는 대학 시절, 그리스도를 만나기 전에 남자친구와 성적으로 방종한 생활을 했다고 털어놓았다. 그러다 임신을 하게 되었고, 남자친구의 설득으로 낙태를 했다. 이것이 메리가 10년 넘게 숨겨온 어두운 비밀이었다. 그녀는 이 사실을 누구에게도 말하지 않았고, 그 죄책감은 견딜 수 없는 것이었다.

메리가 자신의 이야기를 털어놓을 때, 나는 그녀에게 간단한 질문을 던졌다. "하나님이 자매를 용서하셨다고 믿나요? 아니면 자매를 구원하셨지만 여전히 이 문제로 위협하고 계신다고 생각하나요?" 이어진 대화에서 우리는 메리의 섬김 대부분이 과거의 잘못을 만회하려는 깊은 욕구에서 비롯되었음을 깨달았다.

이것 때문에 여학생들을 향한 메리의 사랑과 헌신에 진정성이 없었다는 것은 아니었다. 오히려 그들을 향한 사랑과 자신의 과거에 대한 후회가 복잡하게 얽혀 메리의 동기가 되었던 것이다. 아마도 메리는 자신과 유사한 실수를 몇몇 여학생들이 피할 수 있도록 돕고 그를 통해 죄책감과 수치심에서 해방되고자 했던 것 같다. 우리는 이것이 메리 나름의 방식으로 죗값을 치르려는 시도일 수 있다는 것을 알았다.

하지만 이는 상황을 더 악화시켰다. 우리도 모르는 사이에, 메리는 자신의 실수에 대한 후회와 균형을 맞추려 무의식적으로 봉사 시간, 영향을 준 사람 수, 보낸 메시지 수 등을 기록하고 있었다. 만약 메리가 실수로 학생들을 실망시키기라도 한다면, 그녀의 후회는 더 깊어질 것이었다. 내면의 목소리는 그녀를 정죄했다. "넌 한 생명을 빼앗았을 뿐만 아니라, 이제 주어진 기회마저 제대로 활용하지 못하고 있어! 넌 구제불능이야." 이런 자책의 소리는 더 이상 억누르기 힘들 정도로 커졌고, 죄책감의 무게는 감당하기 힘들어졌다. 결국 메리는 모든 것을 그만두고 싶어 했다.

대화가 끝날 무렵, 우리는 둘 다 하나님의 필요성을 절실히 느꼈다. 메리에게 조언하면서, 나 역시 비슷한 '장부'를 가지고 있다는 것을 깨달았다. 내 리더십과 관계 형성 방식의 많은 부분을 '후회'가 차지하고 있었던 것이다. 우리는 하나님의 약속을 새롭게 믿으며 눈물을 흘렸다. 우리의 장부는 자기 노력만으로는 결코 균형을 이룰 수 없다는 것, 오직 예수님만이 그렇게 하실 수 있으며, 그분은 기쁘고 사랑으로 그렇게 하신다는 것을 깨달았다.

후회는 회개를 위한 적절한 동기가 될 수 있지만, 끝없는 선행의 원인이 되기도 한다. 후회를 기반으로 하여 섬기거나 일하거나 결혼생활을 하거나 자녀를 키울 때, 당신은 탈진과 실망의 길을 걷게 된다. 그런 노력이 충분한지 아닌지 결코 알 수 없기 때문이다. 과거의 실수를 만회할 수 있는 선행의 양이나 종류를 정해주는 기준은 없다. 빚을 갚았다고 생각하는 순간, 또 다른 요구 사항 목록이 나타난다.

이런 식으로 후회에 접근하는 것은 숙명론적 인생관으로 살아가는 것과 같다. 선행으로 균형을 맞추라는 요구를 받을 뿐만 아니라, 모든 것이 자업자득이라고 여기게도 된다. 실수하면 그에 따른 대가를 치러야 한다고 생각한다. 인생이 힘들어지면 과거의 죄에 대한 신의 응징이라는 생각이 든다. 최선은 그것을 받아들이고 현재의 기회를 통해 보상하려고 애쓰는 것뿐이다.

'하나님께 이것을 갚기 전까지는 축복받지 못할 거야. 그래서 이 어려움을 없애달라고 기도할 수 없어'라는 생각으로 살아가는 것이다. 과거의 수치는 후회를 증폭시켜, 영원히 과거의 잘못에 얽매이고 더 이상 실수하지 않는 것만이 유일한 희망이라고 여기게 한다.

이는 매우 수동적인 자세로 이어질 수 있다. 후회에 사로잡힌 부모는 자녀 양육을 의도적으로 포기하기도 한다. 실패한 결혼과 관계 때문에 아들들을 훈계하기를 포기하다시피 한 어머니를 알고 있다. 그녀는 자신의 과오로 말미암아 아이들을 신앙 안에서 인도할 자격이 없다고 생각했고, 그저 입을 다물어야 한다고 여겼다.

반대로, 일부는 과거를 만회하려 과도하게 일한다. 내 친구 메리처럼, 이런 반응은 종종 새사람이 되겠다는 맹세나 잘못을 바로잡겠다는 약속의 형태를 띤다. 이렇게 '…했더라면'이라는 후회는 '…하기만 하면'이라는 조건과 불건전하게 결합한다. "내가 그렇게 망치지만 않았더라면"이라는 후회는 "내가 얼마나 미안한지 보여주고 그것을 만회하기만 하면 사랑받을 자격이 생길 거야"라는 조건부 사고로 변형된다. 우리는 의지와 확신을 통해 축복을 받을 만한 가치가 있음을 입증하려 애쓴다. 우리는 실수라는 감옥에 갇혀, 거기서 벗어나게 해줄 '…하기만 하면'이라는 열쇠를 찾으려 끊임없이 노력한다.

그러나 후회로 가득한 인생이라 해도 그것이 당신을 정의하도록 두어서는 안 된다. 당신의 삶은 과거의 실수를 만회하는 것 이상의 의미가 있다. 하나님은 당신을 더 큰 목적을 위해 부르셨기 때문이다. 당신의 과거는 당신을 설명할 수는 있다. 후회는 당신이 특정 일에 열정을 갖는 이유를 설명할 수 있고, 유혹에 저항하는 방식을 형성할 수 있다. 같은 실수를 반복하지 않으려는 노력은 당신이 타인과 관계 맺는 방식이나 누구와 시간을 보내는지를 설명할 수 있다. 하지만 당신은 단순히 과거 선택들의 총합이 아니다.

그리스도 안에서 당신은 새로운 피조물이다고후 5:17. 이것이 당신의 진정한 정체성이다. 당신은 십자가에서 드러난 하나님의 자비를 아름답게 반영하는 존재다. 이제 후회는 정죄와 응보가 아닌 회개와 회복으로 이어질 수 있다. 시편 기자는 "동이 서에서 먼 것같이 우리의 죄과를 우리에게서 멀리 옮기셨으며"시 103:12 라고 선언했다. 이는 당신과 당신의 죄가 얼마나 멀어졌는지를 보여준다. 어떤 후회도 하나님의 은혜를 능가할 수 없다.

어린 시절의 믿음 vs 어린아이 같은 믿음

후회의 두 번째 유형은 '망가진' 과거가 아닌 '좋았던' 과거에 관한 것이다. 실수와 실패에 대한 죄책감 대신, '좋았던 옛날', 돌아갈 수 없는 순수했던 시절에 대한 그리움을 간직한다. 이는 종종 과거에 대한 향수로 나타난다.

이러한 향수는 하나님의 신실하심을 기억하는 '다예누' 방식과는 다르다. 이스라엘의 다예누 회상은 하나님이 그들을 애굽에서 구출하신 것을 기억하게 했다. "애굽의 장자를 치신 이에게 감사하라…이스라엘을 그들 중에서 인도하여 내신 이에게 감사하라 … 강한 손과 펴신 팔로 인도하여 내신 이에게 감사하라 그 인자하심이 영원함이로다"시 136:10-12. 그들은 하나님의 구원과 신실하심을 찬양했고, 이 기억은 하나님에 대한 그들의 확신을 강화했다.

하지만 광야에서 실질적인 역경과 위험에 맞닥뜨렸을 때, 이스라엘 백성의 과거를 향한 동경은 전혀 다른 양상을 보였다. "이스라엘 자손 온 회중이 그 광야에서 모세와 아론을 원망하여 이스라엘 자손이 그들에게 이르되 우리가 애굽 땅에서 고기 가마 곁에 앉아있던 때와 떡을 배불리 먹던 때에 여호와의 손에 죽었더라면 좋았을 것을 너희가 이 광야로 우리를 인도해내어 이 온 회중이 주려 죽게 하는도다"출 16:2-3.

이스라엘은 광야에서 식량 부족에 직면하자 두려움에 굴복했다. 지나간 시절에 대한 그리움 때문에 그들은 하나님과 동행하는 광야에서의 자유로움보다 애굽에서의 노예 생활이 더 나았다는 착각에 빠지게 되었다. 이런 왜곡된 향수는 바로가 그들의 아들들을 살해하고 과도한 노동을 강요했던 잔혹한 현실을 망각하게 만들었다. 실제로는 한 번도 경험하지 못했던 일, 즉 애굽에서 배불리 먹으며 고기 가마 옆에서 평화롭게 쉬었던 허구의 기억을 그들 스스로 만들어낸 것이다.

좋았던 과거에 대한 후회는 현재 상황에 대한 불만족에서 비롯된다. 현재를 비관적으로 볼수록, 과거를 부풀려 미화한다. 브레네 브라운은 이에 대해 "실제로는 존재하지 않았던 완벽하게 편집된 과거의 기억과 우리의 현재를 비교하는 경향"[3]이라고 설명했다.

이러한 후회는 '망가진' 과거에 대한 후회와는 다르게 작용한다. 전자는 잊고 싶게 만들지만, 후자는 그리워하게 만든다. 우리는 과거의 실수를 두고 죄책감에 시달리면서도, 동시에 헌신은 더 깊고, 건강은 더 좋고, 사랑은 더 순수했던 그 시절을 지나치게 아름답게 포장한다. 그 시절로 돌아가면 하나님이 기뻐하실 것으로 여기기 시작할 때 더 문제가 된다. 우리는 현재의 삶을 과거에 대한 향수로 재구성된 삶과 비교하기 시작한다.

영적 생활에서도 마찬가지다. 요한계시록에서 "그러나 너를 책망할 것이 있나니 너의 처음 사랑을 버렸느니라 그러므로 어디에서 떨어졌는지를 생각하고 회개하여 처음 행위를 가지라"2:4-5와 같은 구절을 읽으며, 하나님이 우리에게 첫사랑의 시절로 돌아가라고 명령하신다고 믿는다. 우리는 성경 구절을 모두 암송하고, 모든 설교를 꼼꼼히 적으며, 만나는 모든 이에게 예수님을 전하던 열정적이고 순수했던 시절을 그리워한다.

하지만 이 구절에서 예수님은 교인들에게 '황금기'를 재현하라고 명하신 것이 아니다. 오히려 그들이 모든 선한 행위 속에서 어떻게 사랑을 잃어버렸는지 지적하고 계신다. 어느 순간 대의와 교리에 대한 열정이 예수님을 향한 사랑을 앞서게 된 것이다. 마찬가지로, 예수님은 당신을 과거로 부르시는 것이 아니다. 그분은 과거의 당신보다 현재의 당신을 더 사랑하신다. 예수님은 당신이 지금 이 순간 진정한 사랑을 실천하기를 원하신다. 사실을 말하자면, 당신이 기억 속에 간직한 그 어떤 전성기조차도 예수님께서 지금 당신 안에서 성취하고자 하시는 새로운 일에 견주어 보면 모조품에 지나지 않는다.

나는 어린 시절의 신앙과 현재의 영적 상태를 끊임없이 비교하는 사람을 상담한 적이 있다. 그는 극도로 가난하고 불안정한 환경에서 자랐다. 모든 여건이 불리했음에도 불구하고, 그의 삶 자체가 기적이었다. 그는 과거의 실수에 얽매이지 않고 현재에 충실하며 살아갔고, 주어진 환경에서 예상을 뛰어넘는 놀라운 성과를 이루어냈다.

하지만 그는 계속해서 "어린 시절에 가졌던 순수한 신앙을 다시 가질 수 있다면" 하고 아쉬워했다. 과거에 대한 그리움 속에서, 그의 어린 시절 단순한 믿음은 황금 기준이 되었고, 심지어 하나님이 그에게 요구하시는 기준이라고 믿게 되었다. 어떤 면에서 이는 사실일 수 있지만, 어린 시절의 믿음으로 돌아가기만 하면 하나님이 기뻐하실 거라는 그의 생각은 진실이 아니었다.

그는 자신이 겪은 고난을 통해 얻은 인내를 보지 못했다. 적어도 그 가치를 낮게 평가했다. 또한 삶의 실패와 사랑하는 이들에게 상처 준 경험을 통해 하나님의 은혜에 더욱 의지하게 되었다는 사실을 산과했다. 이는 어린 시절 그가 기억하는 의존과는 다른 차원의 것이었다. 그는 하나님이 자신의 인생이라는 광야에서 만나로 먹이시며 어려움을 이겨내게 하신 것을 분명히 알고 있었다. 그러나 현재의 믿음이 13살 때와는 다르다는 이유로, 이러한 은혜를 진정으로 감사하지 못했다. 그는 자신의 믿음이 성장했다는 사실을 인식하지 못한 채, 과거의 단순했던 믿음을 그리워한 것이다.

즉, 그는 어린 시절의 믿음을 어린아이 같은 믿음과 혼동하고 있었다. 어린 시절의 믿음은 과거에 대한 '재구성된 기억'일 뿐이다. 반면 어린아이 같은 믿음은 예수님이 지금 우리에게 요구하시는 것으로, 겸손하고 단순하게 하나님을 의지하는 자세다. 예수님은 우리를 어린 시절의 믿음으로 부르시는 것이 아니라, 하늘 아버지의 사랑과 돌보심을 신뢰하는 어린아이 같은 믿음으로 그분의 선하신 일을 신뢰하라고 부르신다.

망가진 과거에 대한 후회와 좋았던 과거에 대한 그리움은 모두 하나님이 지금 행하고 계신 일을 보지 못하게 한다. 이러한 후회는 우리의 시선을 과거의 한 장면에 고정시켜, 그곳에서 벗어나려 하거나 그곳으로 돌아가려는 시도에 과한 중요성을 부과한다. 결국 우리는 현재의 은혜, 즉 "나 같은 죄인 살리신" 찬송가가 아름답게 표현하는 그 은혜의 가치를 깨닫지 못하게 된다.

이제껏 내가 산 것도 주님의 은혜라

또 나를 장차 본향에 인도해주시리.[4]

하나님은 당신의 후회를 위한 은혜를 예비하셨다. 이는 당신을 지금의 자리에 있게 한 은혜다. 하나님의 은혜는 모든 빚을 한 번에 청산하여 당신이 갈망하던 새로운 시작을 제공한다. 당신은 더 이상 적자 상태가 아니다. 브라이언 스티븐슨이 말했듯이, "우리는 각자 자신이 저지른 최악의 실수보다 훨씬 더 큰 가치를 지닌 존재"[5]이다. 예수님의 희생을 통해 주어진 하나님의 은혜는 당신의 죄를 덮는다. 지금 이 은혜를 새롭게 받아들이라. 이 은혜가 당신의 현재를 변화시켜, 과거의 좋았던 시절보다 훨씬 더 나은 미래로 인도하게 하라.

"더 멋지게 살 수 있었는데"

우리의 후회에 '그리 아니하실지라도'를 말하기 전에, 또 다른 종류의 후회를 언급해야겠다. 아마도 모든 후회 중 가장 다루기 어려운 것일 수 있다. 이 후회는 과거에 대한 회상보다는 실현되지 않은 현재에 대한 열망에서 비롯된다. 나는 이를 '환상 후회'라고 부른다. 과거의 실제 사건들을 다루는 다른 후회들과 달리, 환상 후회는 상상 속의 사건들로 형성되기 때문이다.

존 블룸은 이 개념에 대해 이렇게 말했다. "환상 후회의 기원을 정확히 찾기는 어렵다. 우리가 삶에서 접한 다양한 메시지, 인상, 욕망, 부러움, 희망 등이 융합된 결과이기 때문이다. … 우리는 이를 환상으로 인식하지 못하고, 그저 '마땅히 그랬어야 했다'고 여긴다."[6]

우리 모두는 인생이 어떠해야 하고 우리가 어떤 존재가 되어야 하는지에 대한 나름의 개념을 가지고 산다. 이런 이미지는 타인의 기대, 우리가 소중히 여기도록 배운 가치 등 다양한 요소로 형성된다. 각자가 그리는 이상적인 모습은 다르지만, 그 목표를 향해 얼마나 나아갔는지 평가하는 나름의 기준이 있다. 환상 후회는 이 기준에 도달하지 못할 때 생긴다.

현실은 항상 우리의 상상, 특히 우리가 설정한 시간표에 미치지 못한다. 우리가 마땅히 살아야 한다고 생각하는 삶을 추구할 때, 점점 더 불만족하게 된다. 꿈은 항상 손에 닿지 않고, 완전히 실현되지 않기 때문이다. 특정 목표를 달성했을 때조차 환상 후회는 쉽게 사라지지 않는다. 어떤 이정표에 도달하고도 '이 시점에서는 더 많은 것을 이뤘어야 하지 않을까?'라고 생각한 적이 있는가? 이는 비교나 자기 질책의 목소리에서 비롯된 것일 수 있다.

2016년 9월, 나는 우리 교회의 담임 목사로 취임했다. 감사와 존경, 세대 간 책임 이양 그리고 하나님의 은혜를 인정하는 아름다운 예식이었다. 몇 가지 특별한 요소들이 이 예식을 더욱 의미 있게 만들었다. 한국계 미국인으로서 주류 문화의 대형 교회를 이끌게 된 것, 그리고 25년 넘게 교회를 섬긴 나의 멘토이자 소중한 친구로부터 바톤을 이어받은 것이 그랬다.

외부인의 시선으로는 대부분 "와, 엄청난 성취구나"라고 여길 것이다. 하지만 며칠 지나지 않아, 그 감동적인 순간을 회상하던 중 나는 이런 생각을 하고 있었다. '더 어린 나이에 더 큰 교회를 맡게 된 누구누구가 있어. 그를 따라잡고 나를 차별화하려면 더 열심히 해야겠어.'

정말 그랬다고? 나의 환상 후회는 이루지 못한 것, 아직 해야 할 것을 지적하며 나를 정죄하려 했다. 하나님께서 주신 과분한 축복에 감사할 여유도 없이, 이제 자신을 증명하고 '밥값을 해야 할 때'라고 생각했다. 또다시 장부의 균형을 맞추려 한 것이다.

환상 후회는 할 수 있었거나 했어야 했을 것에 대해 '했더라면'이라고 말한다. 심지어 그것이 완전히 비현실적일 때조차도 그렇다. 내 마음속 목소리는 '네가 더 일찍 담임목사가 됐더라면, 진짜 기여를 할 수 있었을 텐데'라고 주장하고 있었다.

'했더라면' 후회가 어떻게 전개되는지 주목해보라. 그것은 단순히 불만족의 원인을 드러내는 것 이상이다. 그것은 당신의 열망을 보여준다. 당신의 '했더라면'은 당신만의 이상향을 그리며, 때로는 그곳에 도달하는 방법까지 묘사한다.

스트레스에 시달리는 엄마는 '시간이 더 있었더라면' 또는 '아이가 더 말을 잘 들었더라면'이라고 생각하며 완벽한 부모가 되지 못했다고 자책한다.

'몇 킬로그램만 더 빼면'이라는 생각은 체중으로 자신의 가치를 판단하는 사람의 열망을 드러낸다.

독신자는 '결혼만 했더라면' 하고 바란다. 결혼이 인정과 친밀함을 얻는 수단이라고 여기기 때문이다.

이런 '했더라면'은 당신이 무엇에 희망을 걸고 있는지 보여준다. 자세히 살펴보면, 당신이 상상하는 완벽한 세상을 구현해줄 거라고 믿는 어떤 '해법'을 모색하고 있음을 발견할 수 있다. 하지만 실제로는 당신을 구원할 수 없는, 스스로 만들어낸 환상에 불과할 때가 많다.

사기꾼 자아: 환상과 후회의 집합체

환상 후회는 갑자기 생기는 것이 아니라, 우리 주변에서 보고 듣는 것들에서 싹튼다. 《소년과 두더지와 여우와 말》이라는 책에 내가 좋아하는 대화가 있다. 소년이 "세상에서 가장 큰 시간 낭비가 뭐라고 생각하니?"라고 묻자, 두더지는 "너 자신을 다른 사람들과 비교하는 것"[7]이라고 답한다.

우리는 비교 게임에서 결코 이길 수 없다는 점을 이미 언급했다. 하지만 한 가지 더 강조할 점이 있다. 환상 후회는 비교를 먹고 산다. 소셜 미디어의 하이라이트들이 당신의 현재 삶과 대비되어 어떤 삶이 가능했을지 상상하게 만든다. 매일 당신이 놓치고 있는 모든 것, 멀리 있는 것들을 보여주는 최신 뉴스와 정보의 홍수 속에 살고 있는 것이다.

멋진 식사 사진, 이국적인 여행, 화려한 성취, 행복한 연인들의 모습… 소셜 미디어는 우리에게 "네 인생은 뭐지?"라는 의문을 품게 한다. 핀터레스트(사용자들이 관심 있는 이미지나 영상을 발견하고 저장, 공유할 수 있는 소셜 미디어 플랫폼—편집주) 같은 플랫폼은 우리가 얼마나 평범하고 재미없는 인생을 살아가는지 끊임없이 지적하는 것 같다. 그러다 보면 자연스럽게 "내가 그랬더라면…" 하는 후회가 밀려온다.

코로나19로 인한 격리는 이런 비교 심리를 더욱 부추겼다. 집에 갇혀 있는 동안 다른 이들의 완벽한 홈스쿨링, 창의적인 요리, 새로운 취미 생활을 SNS로 보며 우리는 더 큰 좌절감을 느꼈다. "나도 그런 재능이 있었더라면, 우리 아이들도 그렇게 잘했더라면…" 하는 생각이 들기 마련이다.

우리의 열망은 때로 과거에 대한 후회와 결합되기도 한다. 현실과 상상 속 이상적인 모습 사이의 괴리가 클수록 실망도 커지고, 현재 상황을 바꾸지 못한 것에 대한 후회도 깊어진다.

이런 비교 심리를 잘 보여주는 예가 수퍼맨과 그의 반대 캐릭터인 비자로다. 둘은 같은 능력을 가졌지만, 비자로는 수퍼맨의 모든 면에서 정반대의 모습을 보인다. 이는 우리의 현실과 이상 사이의 간극을 보여주는 은유라고 할 수 있다.

내 인생은 종종 비자로와 수퍼맨의 대결처럼 느껴진다. 수퍼맨 같은 나는 많은 것을 성취하고, 아이들에게 화내지 않으며, 모든 상황에 적절히 대처한다. 그는 일찍 일어나 늦게 자고, 항상 자기희생적이며, 훌륭한 남편이자 친구다. 집안일도 잘하고 목표를 초과 달성하는 완벽한 목사, 저자, 학자, 지도자로서 누구도 실망시키지 않는다.

반면 비자로 같은 나는 시시하고 실패한 사람, 도움이 필요한 죄인처럼 느낀다. 내가 수퍼맨을 연기하고 있을 뿐이라는 것을 사람들이 깨달을까 봐 두렵다. 수퍼맨 버전의 나와 끊임없이 싸우지만 매번 진다. 수퍼맨 버전의 나는 비자로 버전의 나를 처참하게 만든다.

브레넌 매닝은 이런 수퍼맨을 '사기꾼 자아'라고 부른다.[8] 이는 우리가 되고 싶지만 되지 못한 모습, 환상과 후회의 집합체다. 사기꾼 자아는 인정받기 위해 완벽한 모습을 보여야 한다고 믿는다. 그러나 이는 모두 얄팍하고 표면적인 것으로, 우리의 '했더라면'을 현실로 만들려는 끊임없는 시도의 결과일 뿐이다.

사기꾼 자아는 거절당할지 모른다는 공포에 사로잡혀 인정과 성취에 집착한다. 그는 진짜 모습을 숨기기 위해 끊임없이 겉모습을 관리하는 데 에너지를 소비한다. 이 과정에서 자신의 본질적 가치와 재능을 발견하고 발전시킬 기회를 놓치게 된다. 정체가 드러날 것에 대한 두려움이 그가 움직이는 동력이지만, 동시에 그런 자신의 노력을 치열하게 인정받고 싶어 한다.

이런 사기꾼 자아는 진정한 친밀함을 경험할 수 없다. 사랑은 서로를 알아가는 과정에서 생기는 것인데, 진짜 자아는 여러 겹의 가면 아래 숨겨져 있기 때문이다. 결국 다른 사람들은 우리가 조심스럽게 만들어낸 겉모습만을 보고 관계를 맺게 된다. 이는 깊이 있는 인간관계 형성을 막고, 외로움과 소외감을 증폭시킨다.

또한, 대인관계뿐만 아니라 하나님과의 관계에도 영향을 미친다. 우리는 사기꾼 자아에 너무 익숙해져서, 주변 사람들뿐만 아니라 하나님조차도 우리의 그 가짜 모습만을 사랑한다고 믿게 된다.

시간이 지나면서 이 사기꾼 자아는 우리의 삶 자체가 된다. 우리는 끊임없이 실제 삶을 이상적인 모습과 비교하며, 다른 사람들도 우리를 이 가짜 삶으로 평가한다고 믿는다. 이는 엄청난 부담으로 작용하여 우리를 옥죄기 시작한다. 결과적으로 우리는 자신의 진정한 가치와 잠재력을 발견하지 못한 채, 끊임없는 불안과 스트레스 속에서 살아가게 된다.

사기꾼 자아는 우리의 실제 경험과 상상 속 후회를 다루는 과정에서 형성된다. 이는 과거를 만회하거나 숨기려는 자아로, 우리를 가치 있는 사람으로 만들어줄 것이라 믿는 완벽한 모습이다. 현재의 선함을 보여주면 과거의 실수를 덮을 수 있다고 생각하는 것은 흔한 오류다.

또한, 현실이 기대에 미치지 못할 때, 우리는 실제보다 더 많은 것을 이룬 척하느라 에너지를 소비한다. 우리는 사랑과 인정을 얻기 위해 무엇이든 하려 들고, 때로는 허울 좋은 모습을 연출하기도 한다.

이런 사기꾼 자아의 삶을 살려는 노력은 필연적인 실패를 가져온다. 우리가 상상하는 이상적인 삶은 현실에서 불가능하기 때문이다. 우리가 만들어낸 거짓된 모습은 결국 들통날 것이며, 우리는 계속해서 정체가 드러날 것을 두려워하며 살게 된다. 결국, 우리는 과거에 대한 후회와 이루지 못한 꿈으로 인해 끊임없이 자신을 비난하게 된다. 이는 사기꾼 자아를 기준으로 삼고, 지금의 실제 모습을 단지 우리 삶의 이상적인 모습을 환기시켜주는 왜곡된 그림자로만 여기기 때문이다.

당신의 사기꾼 자아는 오늘 어떤 모습인가? 그는 무엇을 이루었고, 어떤 성격을 가졌는가? 사기꾼 자아의 그림자 속에 살고 있음을 알아차리는 한 가지 방법은 스스로 '해야 한다'나 '지금쯤은'이라는 말을 자주 사용하고 있는지 확인하는 것이다. "지금쯤은 승진했어야 해", "더 잘해야 해", "이미 결혼했어야 해", "집을 갖고 있어야 해", "이런 문제는 벌써 극복했어야 해" 등의 생각들이다. 이런 생각의 결론은 항상 "지금 나는 충분히 좋은 상태가 아니야"로 귀결된다.

이런 사고 패턴은 사기꾼 자아 앞에서 우리를 위축시킨다. 이를 깨려면 내면의 대화를 바꿔야 한다. "지금쯤은 …해야 해"라고 생각할 때마다 "누구와 비교해서?"라고 자문해보라. 아니면 더 직설적으로 "누가 그래?"라고 물어볼 수도 있다.

당신이 무엇과 비교하고 있는지 파악해보라. 그렇게 하면, 현실의 자신과 이상적인 모습을 비교하며 자책하는 사람은 결국 당신 자신뿐이라는 사실을 깨닫게 될 것이다.

하나님은 그곳에서 만나신다

오래전 나는 한 고교 졸업반 학생이 예수님을 믿게 되는 순간을 경험했다. 그 일은 작은 빵집에서 파이 한 조각을 앞에 두고 일어났다. 웨이트리스는 알지 못했겠지만, 그 순간 천사들은 일리노이주 휘튼 대학의 작은 매점에서 일어난 일에 기뻐했을 것이다. 한 영혼의 영원한 운명이 바뀌는 순간이었기 때문이다.

사람들이 예수님께서 자신들의 짐을 대신 지셨다는 진리를 깨닫고 받아들일 때, 그들이 짐에서 벗어나는 모습을 지켜보는 일은 언제나 가슴 벅찬 경험이다. 이 젊은이 역시 죄사함받은 사람 특유의 흥분으로 새 삶을 시작했다. 하지만 그는 곧 자신의 성장 속도에 대해 끊임없이 자책하기 시작했다.

반에서 수석으로 졸업한 그는 자신의 능력에 대해 평소에 큰 기대가 있었고, 새로운 영적 삶에도 이런 기준은 적용되었다. 그는 성경 지식이 부족하다고 느꼈고, 기도 훈련이 충분하지 않다고 생각했으며, 교회 시스템에 대해 잘 모른다고 여겼다. 그의 자기 기대는 비현실적으로 높았는데, 이는 자신을 이상적인 '수퍼크리스천'과 비교하고 있었기 때문이다. 몇 달간의 제자훈련을 받았지만, 그의 마음속 '사기꾼 자아'는 실제 자신보다 훨씬 더 성숙한 모습이었다.

성경에 대한 열띤 토론 후, 그는 좌절을 감추지 못했다.

"지금쯤이면 이걸 알았어야 해요." 그가 자책했다.

"누가 그래?" 내가 물었다.

"시간을 너무 낭비한 것 같아요." (그는 겨우 17살이었다.)

"친구, 넌 시간이 충분해. 하나님은 그분의 계획에 따라 너를 부르시고 구원하셨어. 넌 그걸 망칠 수 없어. 실제로 망치지도 않았고."

"더 많이 알고, 더 성장했어야 해요."

나는 "하나님께서 네 마음속에 있는 죄를 드러내기 시작하실 때까지 기다려 보렴"이라고 말하고 싶었지만, 꾹 참았다. 어린 제자를 당황하게 하고 싶지 않았다.

그는 자기보다 먼저 신앙을 가진 또래와 자신을 비교하며 자책했다. 심지어 하나님도 그의 성장 속도에 실망하셔서, 더 많이 알고 행하라고 재촉하신다고(그의 사기꾼 자아처럼) 생각하기 시작했다. 이런 생각들은 그가 새로 발견한 믿음의 기쁨을 앗아갈 위험이 있었다.

그가 '되지 못한' 모든 것이 거대한 산처럼 그를 누르며, 그를 구원하신 하나님의 선하심을 가로막았다. 초기 제자 생활의 '했더라면'들은 안개처럼 하나님의 자비에 대한 그의 시각을 흐리게 했다. 그는 심지어 스스로 만든 이상적인 모습에도 미치지 못한다고 느꼈다. 과거의 상처들이 그를 비난했다. 어떻게 하나님이 이렇게 뒤처진 사람을 쓰실 수 있단 말인가?

그때 뜻밖의 곳에서 하나님의 말씀이 그를 바로잡았다. "오직 우리가 어디까지 이르렀든지 그대로 행할 것이라"빌 3:16는 말씀이었다. 이는 바울이 과거를 잊고 앞을 향해 달려간다고 선언한 직후에 나오는 구절이다. 바울은 빌립보 교인들에게 영적 성장을 추구해야 하지만, 동시에 하나님은 그들이 현재의 위치에서 충실히 살아가기를 원하신다고 강조한다.

이 짧은 구절을 통해 하나님은 우리에게 지금 보여주시는 것에 신실하고 순종하라고 상기시키신다. 우리는 그의 환상적인 후회들(상상 속 이상적인 자아와의 비교)을 직시할 수 있었다. 오래전에 신앙인이 되어 더 깊은 영적 체험을 한 모습이 그 가상의 자아였다.

그에게 물었다. "네가 지금 어디에 있어야 한다고 누가 말하는 거야? 누가 네 시간표를 정했어? 네가 비교하는 그 영적 성장 곡선은 누가 만든 거야? 네가 뒤처졌다는 건 어떻게 안 거야? 하나님께서 정말 그렇게 말씀하셨어?" 우리는 이 거짓말의 실체를 밝혀냈다. 그의 시간표와 성장 곡선을 쥐고 있는 것은 바로 자신이 만들어낸 사기꾼 자아였던 것이다.

우리는 이 미묘한 내적 갈등을 더 깊이 생각하면서, '있어야 한다고 생각하는 곳'에 도달하려는 압박감은 성장과 발전을 향한 진정한 열망과는 다르다는 것을 깨달았다. 후자는 우리 안에서 일하시는 하나님의 성화 작업에서 비롯된 순수한 동기다. 이것이 바로 바울이 "그리스도 예수 안에서 하나님이 위에서 부르신 부름의 상을 위하여 달려"간다빌 3:14고 말한 의미다. 바울은 그리스도를 더 깊이 알고, 그의 고난에 동참하며, 부활의 능력을 경험하고 싶어 했다. 그는 아직 그 목표에 도달하지 못했지만, 그것을 향해 계속 나아갔다. 이런 열망은 소망과 영광에 기반을 두며, 하나님의 은혜가 우리 삶에서 열매 맺을 것이라는 믿음에서 나온다.

반면, '했더라면'이라는 후회는 "넌 결코 충분하지 않아, 충분히 성취하지 못했어. 하지만 그렇게 살면 안 되지. 그러니 더 노력해"라고 말하며 우리를 몰아세운다. 이런 후회는 우리가 더 나아져야 한다고 가정하며, 그렇지 못하면 우리를 실패자로 규정한다. 이는 하나님이 우리에 대해 실제로 말씀하시는 것—우리가 연약하고, 쉽게 길을 잃으며, 때로는 자신을 해치는 방향으로 나아간다는 사실—을 부인하는 것이다. 우리의 상상 속 완벽한 자아조차도 예수님의 구원 사역 없이는 하나님의 인정을 받기에 부족하다는 점을 기억해야 한다.

빌립보서 3장 16절은 우리가 '있어야 한다고 생각하는 곳'이나 '다른 이들이 기대하는 위치'와 비교하지 말고, 우리의 현재 상태를 직시하라고 권한다. 바울은 "나는 지금 실제로 어디에 있는가?"라는 질문을 던지라고 요구한다. 마크 부캐넌의 말처럼, 이는 '했더라면'이라는 공상이 아니라, 우리의 삶을 가장 진실된 관점에서 바라보는 것이다. 우리의 진정한 모습과 정말로 중요한 것을 인식하는 것이다.[9]

이렇게 삶을 바라보면 놀라운 진리를 깨닫게 된다. 하나님은 실제의 당신을 상상 속의 '사기꾼 자아'와 비교하지 않으신다. 그 사기꾼 자아는 존재하지 않기 때문이다. 하나님은 오직 진실만을 아신다. 당신이 스스로 만든 이상에 미치지 못해 하나님 앞에서 죄책감을 느낄 때, "하나님, 아직도 이걸 배우지 못해 죄송합니다. 더 잘했어야 했는데요"라고 말할 때, 하나님은 "누구와 비교해서? 너는 너 자신을 누구와 비교하고 있는 것이냐?"라고 되물으신다.

토마스 머튼은 이를 더 명확히 설명했다. "사기꾼 자아는 내가 되고 싶지만 될 수 없는 사람이다. 하나님은 이 사기꾼 자아를 전혀 모르신다. … 나의 거짓되고 사적인 자아는 하나님의 뜻과 사랑 밖에(현실과 삶 밖에) 존재하고 싶어 하는 자아다. 그리고 그런 자아는 필연적으로 환상일 수밖에 없다."[10]

여기에 당신을 자유롭게 할 진리가 있다. 지금 당신이 있는 곳, 즉 '있어야 한다'고 생각하는 위치와 비교해 불만족스러워 보이는 그곳이 바로 하나님이 은혜로 당신을 만나고자 하는 장소다. 당신은 결코 상상 속 자아가 될 수 없고, 그럴 필요도 없다. 심지어 그 '사기꾼 자아'조차 하나님의 기준에 미치지 못하기 때문이다. 하나님은 당신을 상상 속 자아와 비교하지 않으신다. 대신 그리스도와 비교하신다. 당신과 '사기꾼 자아' 간의 간극이 크게 느껴질지 모르나, 예수님의 완전하심은 그보다 훨씬 더 먼 곳에 있다.

다행스럽게도 하나님께서는 우리가 그분의 끊임없는 개입 없이는 결단코 예수님처럼 될 수 없다는 사실을 알고 계신다. 더욱이 예수님은 당신이 그분의 완전함을 얻을 수 있도록 대신 죽으셨다. 십자가를 통해 예수님은 우리가 상상 속 자아가 되어야만 사랑받을 수 있다는 환상을 깨뜨리신다. 그분께서는 우리의 진짜 모습 그대로를 받아들이시고, 참된 은혜로 하나님의 아들을 닮아갈 수 있도록 우리를 초청하신다.

이것이 '했더라면'의 진정한 의미다. 우리는 하나님이 지금의 우리, 곧 결점과 한계를 지닌 있는 그대로의 모습을 받아들이시고, 영적 성장과 변화에 필요한 모든 것을 공급해 주시리라 믿기로 결심한다. '했더라면'은 우리의 욕망에서 나오며, 이는 소망과는 다르다. 단순한 바람은 후회로 이어지지만, 진정한 소망은 하나님의 약속에 근거한 결단으로 이어진다.

우리의 후회를 다스리는 법

'했더라면'의 생각을 극복하고 '그리 아니하실지라도'를 선언하는 길은 자신의 후회를 인식하고 정확히 표현하는 데 있다. 후회를 느끼는 것을 완전히 피할 순 없지만, 그 감정을 명확히 인식하고 하나님께 가져가면 그분이 필요한 것을 채워주신다.

요한복음 11장에서 예수님과 그의 친구들인 마리아, 마르다,

나사로 삼남매의 이야기가 이를 잘 보여준다. 나사로가 병들었을 때 예수님은 방문을 미루셨고, 나사로가 죽은 지 나흘 후에야 도착하셨다. 마르다가 예수님을 맞으러 나왔고, 마음이 괴로웠던 마리아는 집 안에 머물러 있었다. 마르다와 마리아는 모두 "주께서 여기 계셨더라면 내 오라버니가 죽지 아니하였겠나이다"21, 32 라고 똑같은 말을 하며 그들의 후회를 표현했다. 말씀이나 심지어 겉옷만으로도 낯선 이들을 능히 고치셨던 예수께서 자신의 친구를 살리기 위해 제때 오시기만 했더라면 하는 아쉬움과 서러움이 묻어난다.

그러나 마르다는 여기서 그치지 않았다. "그러나 나는 이제라도 주께서 무엇이든지 하나님께 구하시는 것을 하나님이 주실 줄을 아나이다"22라고 덧붙였다. 이는 후회가 확신과 믿음으로 바뀌는 순간이다. 여기서 우리는 '그리 아니하실지라도'의 미묘한 암시를 볼 수 있다. "죽음이 최종 결과처럼 보일지라도, 나는 예수님을 신뢰하겠습니다"라는 의미이다.

마르다는 그 순간 즉각적인 부활을 전혀 예상하지 못했다. 이어지는 대화를 보면, 마르다는 나사로가 마지막 날에 부활할 것이라고만 생각했을 뿐, 그 자리에서 즉시 살아날 것이라고는 전혀 예상하지 못했음이 분명히 드러난다. 마르다가 할 수 있었던 것은 단지 예수님의 능력을 신뢰한다고 고백하는 것뿐이었다. 그런데 예수님은 마르다의 기대를 뛰어넘어 나사로를 죽음에서 살리셨다.

마르다와 마리아의 경우처럼, 우리의 '했더라면' 후회는 오직 한 분 구원자 하나님에 대한 궁극적 소망을 강조하는 것으로 나아갈 수 있다. 우리는 망가진 과거에서 구원하실 수 있고, 우리가 동경하는 낭만적인 과거보다 더 나은 것을 만들어내실 수 있는 분을 갈망한다. 인생의 큰 후회를 마주할 때도, 우리는 큰 희생을 치르고 우리를 구원하신 하나님의 선하심을 확신하며 '그리 아니하실지라도'를 외칠 수 있다.

이렇게 선언해보자. "내 삶이 상상과 다를지라도, 용서받은 과거의 상처가 여전히 아물지 않았을지라도, 하나님의 축복이 지난날의 추억으로만 느껴질지라도… 나는 죄를 용서하시고, 나를 위해 좋은 것을 아끼지 않으시며, 언제나 선하신 분을 예배하겠습니다."

당신의 '그리 아니하실지라도' 선언으로 후회를 다스리라. 죄를 인정하고 예수님의 대속을 믿음으로써 후회의 힘을 무력화하라. "과거를 되돌릴 수 없을지라도, 하나님을 예배하겠습니다. 당신이 나를 깨끗게 하시고 용서하셨기 때문입니다. 같은 실수를 반복하지 않도록 보호하시는 하나님의 자비가 필요합니다."

좋았던 과거에 감사하고 현재의 하나님 선하심을 믿으라. "그 좋았던 시절로 돌아갈 수 없을지라도, 하나님을 예배하겠습니다. 당신은 과거보다 더 큰 일을 하실 수 있기 때문입니다."

상상 속 사기꾼 자아를 직면하라. "사기꾼 자아와의 모든 싸움에서 패할지라도, 하나님을 예배하겠습니다. 예수님이 진정한

나, 당신의 형상으로 빚으실 나를 사랑하시고 위해 죽으셨기 때문입니다."

이사야는 심판 후의 이스라엘을 이렇게 격려했다.

> 너희는 이전 일을 기억하지 말며 옛날 일을 생각하지 말라 보라 내가 새 일을 행하리니 이제 나타날 것이라 너희가 그것을 알지 못하겠느냐 반드시 내가 광야에 길을 사막에 강을 내리니 _사 43:18-19.

하나님은 우리를 과거와 상상에서 불러내어, 그분이 창조하시는 현실, 더 큰 구속과 회복의 약속을 이루시는 현실로 인도하신다. 이를 믿을 때 우리는 이렇게 말한다.

"인생이 지난날과 다른 모습일지라도, 상상했던 바가 실현되지 않을지라도, 나를 여기로 이끄시고 잊지 않으신 하나님의 선하심을 신뢰하겠습니다. 새 일을 행하시는 하나님을 의지하겠습니다."

6장

모든 것을
통제하려는 고집

우리는 '그리 아니하실지라도' 삶을 방해하는 가짜 가정들을 살펴보았다. 하나님께 조건을 내거는 '…하기만 하면' 요구들, 과거나 허구적 자아에 묶여 하나님의 새 일을 보지 못하게 하는 '…했더라면' 후회들이 그것이다.

'그리 아니하실지라도' 선언은 하나님의 선하심을 기억하고 그분을 예배하기로 결심하라고 한다. 특히 삶이 이해되지 않을 때 더욱 그렇다. 우리는 하나님의 신실함, 변치 않는 성품, 우리를 향한 선한 목적을 기억한다. 조건이 충족되지 않고 후회가 남아 있더라도, "내 기대나 원함과 다를지라도, 당신을 예배하겠습니다"라고 말한다.

'그리 아니하실지라도' 삶의 훈련을 논하기 전, 마지막 '가짜 가정'을 살펴보겠다. 우발적 사건에 초점을 맞추는 '…하면 어쩌지'라는 가정이다.

좋은 계획에는 항상 대안이 있다. 현명한 지도자들은 원하는 결과를 위해 계획할 때, 모든 변수를 예측하려 노력한다. 상황이 바뀌면 플랜 B로 전환한다. 날씨에 영향받는 행사는 우천 시 날짜를 정해둔다. 학교는 긴급 휴교 연락망을 갖춘다. 여행 그룹은 이탈자를 위한 '집결 지점'을 정한다. 코로나19 대유행 때도 우리는 일상 복귀를 위한 여러 대안을 준비했다.

플랜 B는 우리 일상생활의 일부다. 자녀 양육에서 이를 잘 볼 수 있다. 우리 맏아들은 집안의 규칙 준수자다. 태어난 순서는 정말 중요하며, 다섯 아이를 키우며 양육에는 모든 것이 담겨 있음을 깨달았다. 맏아들을 키울 때는 매우 신경 썼다. 가공식품은 주지 않고, 직접 만든 야채 미트볼을 먹였다. 손을 자주 소독했고, 매일 밤 목욕시켰다.

지금은 막내가 식탁 아래서 떨어진 음식을 주워 먹어도 신경 쓰지 않는다. 어린 두 아이의 마지막 목욕 시기를 기억하기도 힘들다.

맏아들은 전형적인 첫째 성향 외에도 특히 조심스럽고 신중하다. 말을 배우자마자 내 운전에 대해 참견하며, 유아용 의자의 안전에 대한 걱정을 드러냈다. "아빠, 너무 빨리 가요!"라는 말이 차 안에서 나누는 일상적인 대화가 되었다. 이는 갑작스럽게 동요가 흘러나와야 간혹 중단되곤 했다. 대부분의 아이에게서는 흔히 볼 수 없는 모습이다.

하지만 아들의 주의사항은 점차 더 복잡해졌다.

"아빠, 차에 기름은 충분해요?"

"길을 제대로 가고 있는 거 맞아요?"

"늦은 거 아니에요?"

"다른 사람이 늦으면 어떡해요?"

기름 부족 경고등(혹은 다른 경고등)이 켜지는 것은 절대 있을 수 없는 일이었다. 예상치 못한 교통체증을 만나면 감정 조절이 어려워지기도 했다.

맏아들이 자라면서 이런 조심스러운 성향 일부는 남았다. 그는 무모하게 위험을 감수하지 않고, 신뢰할 수 있고 책임감 있는 아이다. 동생들은 그를 "셋째 부모"라고 부르곤 한다. 맏아들은 모험을 즐기지만, 모험에 대한 계획이 필요하다. 깜짝 선물이나 예상치 못한 변화에는 잘 대처하지 못한다. 네 명의 다른 형제자매가 있고, 아이들의 건강이나 기분에 따라 계획이 자주 바뀌는 상황에서는 이런 특성이 문제가 될 수 있다. 하루가 예상과 다르게 흘러갈 때, 그의 실망감은 주변에도 영향을 미친다.

아이가 부모의 예측에 의존하지 않고 자신만의 플랜 B를 만들어내는 것은 시간문제였다. 그는 자발적으로 여러 가지 잠재적 문제를 예상하고, 그 상황을 해결할 방법을 계획한다. 어떤 방해가 있더라도 자신이 원하는 것을 얻을 수 있도록 하는 것이다.

대부분은 이렇게 생각한다. '계획을 세우는 게 뭐가 잘못됐지? 그저 책임감 있고 지혜로운 거 아닌가? 나는 아들이 정말 마음에

드는데.'

나도 첫째를 무척 좋아한다. 플랜 B를 세우는 것 자체가 잘못된 것은 절대 아니다. 하지만 그것을 지나치게 의존하다 보면, 우리가 은연중에 하나님의 자리를 대신하려 들 수 있다. 이런 계획들은 실제로 우리 자신의 계획과 자구 능력을 신뢰하려는 결심을 강화해, 하나님을 신뢰하고 예배하려는 마음을 약하게 할 수 있다. 많은 면에서 플랜 B는 사실 처음부터 어려움을 피하려는 시도일 수 있다.

앞서 언급한 '가짜 가정들'처럼, '그리 아니하실지라도' 선언은 우리를 더 자유롭고 담대한 삶으로 이끈다. 이는 자기 운명을 지키고 스스로 돌봐야 한다는 강박적인 부담에서 우리를 해방시킨다.

플랜 B의 실체

플랜 B는 상황을 계속 통제하려는 욕구에서 비롯된다. 우리는 모든 가능성을 예측하며 미래를 추측하고 대응책을 준비한다. 이는 "…하면 어쩌지?"라는 끊임없는 질문으로 이루어진다. 환상 후회와 비슷하게, '…하면 어쩌지'도 상상 속에서 살아간다. 다만 '했더라면'이 현재를 상상 속 이상과 비교한다면, '하면 어쩌지'는 미래의 삶을 여러 가능성과 비교한다.

야심 찬 젊은 성인들은 5년, 10년 등 장기적인 계획을 여러 개

세운다. 주 계획은 현재의 결정을 좌우하고, 대체 계획은 예상 밖의 상황을 고려한다. 어떤 이들은 대체 계획의 대체 계획까지 세우기도 한다.

책임감 있는 성인들은 은퇴와 재산 관리에서 심각하게 '…하면 어쩌지'를 심각하게 고민하며 시간을 보낸다. 부모들은 자녀 교육을 세밀히 살펴 모든 기회를 제공하려 한다. 환자와 보호자들은 치료 과정에서 끊임없이 대안을 묻는다.

'…하면 어쩌지'는 일상의 작은 상황에도 적용된다. '이 프로젝트에서 실패하면 어쩌지? 그들이 나를 좋아하지 않으면 어쩌지? 내 진짜 모습이 드러나면 어쩌지?'

이런 생각을 완전히 피할 수는 없다. 중요한 것은 이런 생각이 들 때 어떻게 대처하느냐다. 우리는 실패나 예상치 못한 결과를 피하려고 통제 밖의 삶을 조종하려 한다. 플랜 B에는 항상 걱정과 두려움이 따른다. 결국 우리는 염려를 키우며 계획을 위한 계획에 집착하게 된다.

염려나 두려움을 좋아하는 사람은 없다. 그래서 우리는 문제를 최소화하거나 피하려 노력한다. 이는 또 다른 염려를 낳는다. 잠재적 위협을 상상하면서 우리는 플랜 B에 몰두하고, 끝없는 '…하면 어쩌지' 사이클에 빠진다. 맥스 루케이도는 이렇게 묘사했다.

> 염려는 '…하면 어쩌지'들이 별똥별처럼 쏟아지는 것이다. 판매가 안 되면 어쩌지? 보너스를 못 받으면 어쩌지? 아이들 치아교

정 비용이 없으면 어쩌지? 치아가 비뚤어져 친구를 못 사귀거나, 직장을 못 얻거나, 결혼을 못 하면 어쩌지? 아이들이 노숙자가 되어 "부모님이 치아교정 비용이 없었어요"라는 팻말을 들고 있으면 어쩌지?[1]

이런 과정을 자세히 보면 어리석어 보이지만, 그 순간에는 매우 실제적이고 위협적으로 느껴진다. 우리의 상상력은 제멋대로 달리고, 우리는 플랜 B를 그 해결책이라 여긴다.

플랜 B의 강도와 수는 우리가 가진 자원에 대한 믿음에 기초한다. 삶을 통제할 수 있다고 더 믿을수록, 더 많은 플랜 B를 만든다. 독립적이라 생각할수록 자신의 힘과 지혜에 의존한다. 통제력을 잃었다고 느낄 때, 우리는 스스로 구하기 위해 자원을 강화하려 한다.

플랜 B는 일종의 자기 보호 장치와 같다. 삶이 예측 불가능한 방향으로 흘러갈 수 있다는 사실을 인지할 때, 우리는 철저히 대비하고 상황을 통제하려 든다. 최선의 계획조차 삶의 변수에 의해 무산될 수 있지만, 우리는 더 나은 대안을 마련해 이에 대처하고자 한다. "준비되어 있으라"라는 말은 플랜 B 신자들의 신조와 같다. 우리는 이를 책임감이나 좋은 계획이라고 합리화하면서, 실제로는 통제권을 행사하며 하나님 노릇을 하려 한다는 점을 간과한다.

예수님은 산상수훈에서 이런 경향에 대해 말씀하셨다. "목숨을 위하여 무엇을 먹을까 무엇을 마실까 몸을 위하여 무엇을 입을까 염려하지 말라 목숨이 음식보다 중하지 아니하며 몸이 의복보다 중하지 아니하냐"마 6:25. 이는 하나님과 돈을 겸하여 섬길 수 없다는 말씀 직후에 나온다. 예수님은 우리가 자신의 능력과 자원을 신뢰하는 경향을 지적하신 것이다.

우리는 원하는 결과를 얻기 위해 자원을 할당한다. 충분한 자원만 있다면 어떤 상황도 대처할 수 있다고 생각하고, 그렇지 않으면 염려에 빠진다. 따라서 자급자족에 몰두하지 말라는 것이다. 우리의 자원에 충성을 바치지 말라는 뜻이다. 이것이 우리가 플랜 B를 만드는 방식이기 때문이다.

예수님은 플랜 B를 신뢰하는 대신 "너희 하늘 아버지께서 이 모든 것이 너희에게 있어야 할 줄을"마 6:32 아신다는 사실을 기억하라고 하셨다. 이는 하나님의 지혜롭고 자비로운 섭리를 가리키는 것이다. 하나님은 우리의 필요를 아시고, 새와 들꽃을 돌보시듯 우리를 돌보실 것이다. 여기서 다시 '그리 아니하실지라도' 삶의 첫 번째 요소가 나온다. 하나님 아버지의 선하심을 기억하는 것이다.

플랜 B의 탄생

플랜 B는 주로 두 가지 방식으로 시작된다. 첫째는 더 많은 지식을 얻는 것이다. 더 많이 알수록 계획의 성공 가능성이 높아진다고 생각한다. 이는 플랜 B의 연구 개발 단계다.

무력감을 느낄 때 우리는 종종 '검색 삼매경'에 빠진다. 예를 들어, 걱정되는 진단이나 도전에 직면하면 인터넷 검색을 시작한다. 글 하나에서 다른 글로 넘어가고, 사례 연구를 살펴보며 관련 상황들을 참고한다. 결국 다양한 시나리오, 추천 사항, 성공 사례 등에 매달리게 된다.

처음에는 이 모든 정보를 체계화하려 노력하지만, 결국 포기하게 된다. 시간이 지나면서 정보의 양에 압도된다. 더 많은 정보를 찾을수록 상상력은 더 확장되어 처음보다 더 많은 시나리오를 고려하게 된다. 각 새로운 시나리오마다 더 많은 '…하면 어쩌지'가 생겨난다.

검색 삼매경에 빠지면, 단순한 의학적 문제도 무척 복잡해진다. 99퍼센트 성공률의 의료 절차에서도 수많은 위험을 발견한다. 의사의 평점, 실험적 치료법, 심지어 병원 식단까지 알게 된다.

제품 구매를 위한 검색도 마찬가지다. 끝없는 리뷰, 안전 등급, 리콜 정보, 사용자 경험, 가격 비교 등을 찾아본다. 모든 경고와 추천은 상충되는 선택지를 제시한다. 정보에 입각한 결정을 하려다 오히려 지치고 혼란스러워진다.

이는 '과도한 연구의 블랙홀'이다. 너무 많은 정보로 인해 분석 마비에 빠진다. 수많은 시나리오에 압도되어 잘못된 선택을 할까 봐 아무 행동도 못하게 된다. 상황을 통제하려고 시작했지만, 오히려 '…하면 어쩌지' 생각들에 통제당한다. 결과적으로 지나치게 복잡하고 세법처럼 숨 막히는 플랜 B들로 이루어진 감옥을 스스로 만들어낸다.

검색 삼매경은 확신이나 평안을 주지 않는다. 불편한 진실은 아무리 많은 정보를 얻어도 실제 결과에 대한 통제력은 거의 없다는 것이다.

연구와 학습을 폄하하는 것이 아니다. 이것 자체는 지혜로운 행동이다. 하지만 우리는 지식 추구가 위험 회피, 상황 통제, 궁극적으로 신이 되려는 시도로 변질될 수 있음을 인식해야 한다. 에덴동산에서처럼, 우리는 하나님과 같이 되려는 목표로 지식을 추구한다. 우리의 플랜 B는 "내 뜻대로 이루어지이다"라는 작은 명령이 된다.

정보의 홍수 속에서 우리에게 가장 필요한 것은 분별력과 절제다. 우리의 모든 지식 탐구와 정보 수집은 궁극적으로 전지전능하신 하나님 앞에서 겸손하게 엎드려야 한다. "감추어진 일은 우리 하나님 여호와께 속하였거니와 나타난 일은 영원히 우리와 우리 자손에게 속하였나니 이는 우리에게 이 율법의 모든 말씀을 행하게 하심이니라"신 29:29. 하나님은 우리가 순종하고 신뢰하는 데 필요한 것만을 알려주시며, 그 외의 많은 것은 우리의 이해를 넘어선다는 것을 인정해야 한다.

하나님은 우리가 지혜롭고 용기 있게 살도록 지성을 사용하라고 하신다. 하지만 최종 결정권은 항상 하나님께 있다. 하나님은 진리를 계시하시지만, 감춰진 것들에 대해서는 그분을 신뢰하라고 하신다. 모든 연구와 '…하면 어쩌지' 후에, 우리는 '그리 아니하실지라도' 믿음으로 결정해야 한다. 이는 하나님이 하시는 일을 아시며, 그것으로 충분하다는 믿음이다.

불확실과 불안이 커질 때 고개를 드는 것

플랜 B를 만드는 두 번째 방법은 환경을 철저히 통제하는 것이다. 검색 삼매경이 지식으로 상황을 제어하려 한다면, 이 방법은 순수한 의지로 통제하려 한다.

내 아들이 레고로 무언가를 만들 때, 방해받지 않을 장소를 찾는 모습이 이를 잘 보여준다. 때로는 소파 뒤나 높은 식탁 위 등 독특한 장소를 선택한다. 누구도 허락 없이 레고를 만질 수 없고, 모든 조립은 설명서를 철저히 따른다. 마치 실험실의 안전 규약처럼, 허가된 사람 외에는 아무것도 들어오거나 나가지 않도록 한다.

우리 삶의 플랜 B도 이와 비슷하다. 빽빽한 일정을 짜거나, 직원들을 꼼꼼하게 관리하거나, 자녀를 헬리콥터 부모처럼 과보호하는 방식으로 모든 것을 원하는 대로 통제하려 한다. 휴가 계획도 마찬가지다.

"아이를 위해서"라거나 "팀의 최선을 위해서"라고 정당화할 수 있다. 어떤 여행 리더는 "최고의 경험과 보상을 얻고 싶다"며 너무나 꼼꼼하게 계획을 짜다 보니 세계 최대 여행 사이트인 트립어드바이저Tripadvisor조차 초보자처럼 보이게 만든다.

연구와 계획 자체는 문제가 없다. 하지만 우리의 반응을 살펴볼 필요가 있다. 예상치 못한 상황에 직면했을 때, 당신은 어떻게 대처하는가? 유연하게 대응하고 상황을 조정하는가, 아니면 원래 계획을 고수하려고 더 강하게 통제하려 하는가?

스케줄을 철저히 준수하고, 목표를 이루며, 기준에 부합하려는 중압감은 때때로 지나친 통제욕으로 귀결된다. 이런 유형의 플랜 B는 작은 방해 요소도 즉시 제거하려 한다. 이는 모든 것을 통제하려는 시도다.

이 또한 염려와 실망의 표현이다. 인생은 결코 우리가 계획한 대로 흘러가지 않는 법이기 때문이다. 맥스 루케이도의 말처럼, "가장 스트레스받는 사람들은 통제광이다. 그들은 자신이 가장 원하는 것에서 실패한다. 세상을 통제하려 할수록 그럴 수 없음을 깨닫는다. 인생은 염려, 실패, 염려, 실패의 순환이 된다. 우리는 통제할 수 없다. 통제는 우리 권한 밖의 일이기 때문이다."[2]

코로나19 팬데믹은 '…하면 어쩌지'라는 생각이 극단으로 치닫던 시기였다. 불확실성과 두려움이 우리를 에워싸고, 환경은 우리의 통제를 벗어났다. 무증상 감염자를 알 수 없고, 일상적 공간도 불신의 대상이 되었다. 학교, 식당, 쇼핑몰이 폐쇄되고, 정부는 경제 재개를 위한 다양한 플랜 B를 검토하며 2차 유행에 대비했다.

이 시간에 개인적으로도 많은 플랜 B가 생겼다. 외출, 교회 참석, 만남, 자녀의 놀이, 학교 교육, 건강 회복 등에 대한 고민이 끊이지 않았다. 모든 불확실성은 '…하면 어쩌지'와 그에 따른 플랜 B를 만들어냈다.

'…하면 어쩌지'의 극단은 격리 초기에 가장 뚜렷했다. 휴지 부족 현상이 대표적이다. 슈퍼마켓에서 화장지와 물티슈가 품절되고, 손소독제 가격이 폭등했다. 사람들은 '만약을 위해' 생필품을 사재기했고, 상점들은 구매 제한을 두고 "필요한 만큼만 구매하라"라고 당부해야 했다.

우리가 물건을 사재기하는 이유를 생각해본 적이 있는가? 이는 통제할 수 없는 상황 속에서 플랜 B를 실행하려는 시도일 수 있다. "충분하지 않으면 어쩌지?", "마지막 물건을 다른 사람이 가져가면 어쩌지?"라는 두려움에 기반한다. 우리는 기본 생필품 없이 지내는 상황을 상상하고, 가족들의 볼멘소리를 머릿속에서 듣는다. 그래서 필요 이상으로 구매한다.

초반에 대다수는 극단적으로 사재기를 하지는 않는다. 하지만 코로나19 때처럼, 한 사람이 시작하면 전염된다. 누군가 과도하게 물건을 구매하기 시작하면, '…하면 어쩌지'라는 생각이 다른 이들의 염려를 자극해 생필품 구매 경쟁으로 이어진다. 불안이 커지면서 플랜 B는 이성과 이웃 사랑을 밀어낸다. '…하면 어쩌지'라는 생각은 연쇄 반응을 일으키고, 우리의 쇼핑카트는 걱정이 불어나는 속도만큼 빠르게 채워진다.

인간관계에서 하나님을 찾으려는 시도

모든 관계에는 본질적으로 불확실성과 변화 가능성이 내재해 있다. 타인의 예측 불가능성은 수많은 '…하면 어쩌지'를 불러일으키고, 이에 우리는 통제를 통해 사랑하는 이를 보호하려 한다. 그러나 관계를 우리의 의지대로 통제하려는 노력은 결국 좌절감을 낳고, 더 나아가 관계 자체를 질식시킬 수 있다.

셸든 반오켄의 회고록은 이를 잘 보여준다. 그와 아내 데이비는 결혼 초기에 관계를 지키기 위해 노력했다. 일반적인 결혼생활 강화 방법 외에도, 그들은 관계를 위협할 수 있는 모든 것을 예상하고 막으려 했다. 이는 헌신과 두려움이 결합된 결과였다. 반오켄은 이를 "빛나는 장벽"이라 불렀는데, 이는 그들의 사랑의 순수함과 정절을 보호하기 위한 것이었다.[3] 마치 귀중품을 외부 위협으로부터 지키는 벽처럼, 이 장벽은 그들의 사랑에 미치는 모든 영향을 통제하려는 시도였다.

그들은 개인의 이익을 추구하지 않고 모든 것을 공유하기로 했다. 한 사람이 좋아하는 것은 다른 사람도 그 안에서 좋은 점을 찾아야 했다. 이를 통해 수천 개의 연결고리를 형성하여, 서로를 가깝게 만들고자 했다. 그들의 신뢰는 사랑과 충성뿐만 아니라, 이 수많은 '공유'라는 사실에 기반을 두고자 했다.[4]

셸든과 데비는 이런 강한 유대감이 다른 사람을 선택할 수 없게 만들 것이라 믿었다. 그들은 사랑에 대한 욕구가 항상 충족되는 완벽하고 안전한 관계를 구축하려 했다. 겉으로는 친밀함을 위한 것 같았지만, 실제로는 정절을 보장하기 위한 일종의 보험이었다. 심지어 자녀도 갖지 않기로 결정했는데, 이는 자녀가 그들의 애정을 방해할까 봐 두려워서였다.

데비에 대한 쉘든의 헌신은 '…하면 어쩌지'로 가득 찼다. "우리 사랑이 식으면 어쩌지?", "다른 사람이 생기면 어쩌지?" 이런 두려움 때문에, 그의 헌신은 일련의 플랜 B(공유된 관심사, 독점, 상호의존)로 변질되었다. 그들은 누구도, 심지어 하나님도 그들의 '빛나는 장벽'을 뚫고 들어올 수 없게 하려 했다.

실제로 하나님이 그들의 관계에 개입하셨을 때, 상황은 변했다. 우리가 삶을 통제하려 할 때, 하나님은 종종 우리가 실제로 통제권이 없음을 상기시키신다. 예상치 못한 방식으로 하나님의 은혜가 반오켄 부부의 방어벽을 넘어, 그들의 마음을 적시고 저항을 부드럽게 했다.

하나님의 진정한 사랑은 그들의 '빛나는 장벽'을 뚫고 들어왔고, 심지어 그 장벽을 흡수했다. 하나님은 데비를 시작으로 그들을 플랜 B보다 더 깊은 사랑으로 이끌어주셨다. 데비는 예수 안에 나타난 하나님의 비할 데 없는 사랑에 굴복했다. 반면 쉘든은 처음에는 거부했다. 그의 플랜 B가 무너지는 것이 사랑을 지키려는 그의 노력에 대한 위협으로 느껴졌기 때문이다.

쉘든은 하나님의 개입을 자신이 갈망하던 경험으로의 초대가 아니라, 그의 의지에 대한 침해로 여겼다. 하나님을 거부하면서,

그는 점차 데비와 하나님의 관계를 질투하게 되었다. 하나님은 그에게 제거해야 할 또 다른 변수가 되었다. 하지만 쉘든은 하나님의 아름다움과 매력에 대적할 수 없었다.

데비가 병에 걸렸고, 그녀를 서서히 잃어가는 과정에서 쉘든은 마침내 굴복했다. 그는 자신이 진정으로 원하고 필요로 했던 사랑, 그들의 '빛나는 장벽'이 보호하려 했던 그 사랑을 실제로는 하나님 안에서 찾아야 한다는 것을 깨달았다. 그들이 갈망하던 깊은 연결은 오직 둘 다 하나님 안에 있을 때만 가능했다. 결국 그들이 궁극적으로 원했던 것은 하나님이었다.

쉘든은 그들의 사랑을 지키려는 노력이 오히려 하나님과 이웃에 대한 사랑의 계명을 어기고 있었음을 이해하게 되었다. 부부 간의 헌신 자체가 문제는 아니었다. 그것은 하나님의 계획에 따른 거룩한 것이기도 했다. 하지만 다양한 플랜 B로 사랑을 보장하려는 시도가 오히려 사랑의 진정한 목적이자 근원인 하나님을 보지 못하게 했다.

쉘든이 하나님의 사랑에 굴복하면서, 그의 '그리 아니하실지라도'의 장이 열렸다. C. S. 루이스의 표현처럼, 데비의 죽음은 '가혹한 자비'였다. 하나님은 그들이 만든 '빛나는 장벽'의 잠재적 해악에서 그들을 구원하셨다. 그들의 사랑이 하나님의 선하심과 아름다움 안에 다시 뿌리내리자, 육체적 죽음조차도 그것을 파괴할 수 없었다.

"내 판단이 옳다면, 아내의 죽음은 … 우리의 사랑이 시간이 지나며 변질되거나 퇴색될 수 있는 여러 가능성으로부터 그것을 지켜냈습니다. 우리 사랑이 미움으로 변하는 것보다 죽음을 통과하는 게 낫지 않을까요? 아내의 죽음이 실제로 이런 결과를 가져왔다면, 그것은 가혹한 자비였습니다."[5] 즉, 하나님의 사랑이 아내를 본향으로 인도한다면, 그것이 비록 가혹할지라도 자비로 받아들이겠다는 뜻이다.

당신의 관계는 어떠한가? 자녀, 배우자, 친구들 주위에 '빛나는 장벽'을 세운 적이 있는가? 의도는 좋을지 모르나, 실제로는 하나님만이 줄 수 있는 것을 그러한 인간관계에서 얻으려고 애써 통제하고 있지는 않은가?

'그리 아니하실지라도' 선언은 오직 하나님만이 우리의 궁극적인 갈망을 채우실 수 있다고 말한다. 진정한 사랑과 소속감에 대한 욕구는 하나님만이 충족시키실 수 있다. 하나님은 당신이 사람들에게 하나님의 자리를 대신하도록 강요하지 말라고 하시는 건 아닐까? 진정으로 원하는 것을 주실 수 있고, 잃을까 봐 두려워하는 것을 지켜주실 유일한 분을 당신은 신뢰할 수 있는가? 이 질문은 우리의 믿음의 본질을 되돌아보게 한다. 하나님을 믿고 의지할 때, 우리는 인간관계의 한계와 불완전함을 넘어서 진정한 평안을 찾을 수 있다.

예수님의 말씀을 새롭게 믿기를 바란다. "무릇 자기 목숨을 보전하고자 하는 자는 잃을 것이요 잃는 자는 살리리라"눅 17:33.

가짜 가정들에 대한 반격

세 가지 '가짜 가정'을 정리해보자. 우리 마음의 복잡성에 대해 잠언 20장 5절은 "사람의 마음에 있는 모략은 깊은 물 같으니라" 잠 20:5라고 말한다. 우리의 행동에는 많은 요인이 영향을 미친 다. 여기서는 세 가지를 살펴봤다. 이들은 단순히 우리 마음을 이 해하는 하나의 방식에 불과하다. 당신은 '하기만 하면', '했더라 면', '하면 어쩌지'가 복잡하게 얽힌 조합이다.

플랜 B는 우리의 조건과 후회가 다시 반복되지 않도록 하기 위 한 시도이다. 이는 '그리 아니하실지라도' 삶과 정반대다. 우리는 신이 되려고 플랜 B를 만든다. 즉, 하나님을 신뢰하는 대신, 전지 전능해지려 노력하지만 이는 실망으로 끝날 뿐이다.

가짜 가정에 맞서 '그리 아니하실지라도'를 선언할 때, 핵심은 하나님께 돌아가 그의 선하심을 재확인하고, 자신이나 상황이 아 닌 하나님을 신뢰하기로 결심하는 것이다. 이를 통해 미래를 걱 정하는 대신 받아들일 수 있다. 어떤 일이 일어나도 하나님이 당 신을 붙드시기 때문이다.

'그리 아니하실지라도'를 선언해도 가짜 가정들이 완전히 사 라지지는 않을 것이다. 대신 그것들은 새로운 목적을 갖게 된다.

- 당신은 하나님을 의존하기로 선언할 것이다. '…하기만 하면' 조 건 대신, 하나님의 임재만을 구할 것이다. "하나님이 나와 함께

계시기만 하면."

- 당신은 하나님이 준비하신 실제 여정에 대해 그 결점까지도 받아들일 것이다. '했더라면' 후회 대신, 하나님의 영광을 바라는 '했더라면'을 경험할 것이다. "하나님이 예배받으시고 그 위대함이 알려지기만 했더라면."

- 당신은 경계하는 '…하면 어쩌지' 대신 가능성을 탐구하는 '…하면 어떨까'를 꿈꿀 것이다. "하나님이 여기서 무엇을 하실 수 있을까? 어떻게 구원하실까? 이 상황을 새 방향으로 이끄신다면 어떨까?"

궁극적으로, 나는 당신이 가능한 결과들을 두려워하거나, 하나의 결과만을 고집하거나, 상상 속 결과를 열망하는 대신 '그리 아니하실지라도'라고 고백하기를 기도한다.

우리 계획에는 항상 불확실성이 있지만, 하나님 아버지의 주권적 계획은 성취될 것이며 그것이 우리의 어떤 계획보다 나을 것임을 알기 때문이다. 사도 바울이 말했듯이, "내가 … 부끄러워하지 아니함은 내가 믿는 자를 내가 알고 또한 내가 의탁한 것을 그날까지 그가 능히 지키실 줄을 확신함이라"딤후 1:12.

3부

내 삶 속의
그리 아니하실지라도

〈아메리칸 닌자 워리어〉(American Ninja Warrior: 참가자들이 복잡하고 어려운 장애물 코스를 극복하며 경쟁하는 미국의 스포츠 오락 프로그램—옮긴이) 선수들처럼, 우리는 마음속 동기가 일으키는 여러 장애물 코스를 통과했다. 진지한 욕구가 요구로 변할 때의 조건들, 과거나 환상 속 삶으로 끌어당기는 후회의 미로, 모든 상황을 통제할 수 있다는 착각으로 빠지게 하는 플랜 B의 늪을 지나왔다.

피곤함을 느끼거나 잠시 쉬고 싶다면 그래도 좋다. 이는 경쟁이 아니며, 누구와 비교할 필요도 없다. 하나님이 당신의 마음을 드러내시는 것은 당신을 책망하려는 것이 아니라 당신을 위하시기 때문이다.

나 역시 이런 가짜 조건들에 때때로 사로잡힌다. 한 조건을 주장하는 순간 플랜 B의 유혹이 찾아오고, 잊었다고 생각한 후회가 새 조건으로 부활하기도 한다. 복잡한 문제는 항상 존재하겠지만, 하나님 은혜로 우리는 계속해서 이 가짜 조건들을 식별하고 하나님 앞에 가져갈 수 있다.

내면의 갈등이 여전히 있더라도 우리는 '그리 아니하실지라도'의 삶을 시작할 수 있다. 모든 문제를 완벽히 해결한 후에야 가능한 것이 아니다. 이 책을 읽기 시작한 것 자체가 이미 첫걸음이다. '그리 아니하실지라도'를 선언하는 행위는 그 자체로 우리 안의 잘못된 생각들, 즉 '가짜 조건들'을 바로잡는 중요한 과정이 된다.

다음 부분에서는 '그리 아니하실지라도'를 고백하는 데 필요한 자세와 하나님을 예배하기로 한 결단을 지킬 수 있는 실질적인 방안들을 찾아볼 것이다. 어떤 것들은 분명할 것이고, 어떤 것들은 새로운 깨달음을 줄 것이다.

이 부분을 단순한 '실천편'으로 치부하지 마라. 우리는 자기계발서를 읽고 있는 것이 아니다. 오히려 이 과정을 헬스 트레이너의 "한 번 더!"라는 격려처럼 생각하라. '그리 아니하실지라도'를 선포하는 연습을 위해 동기를 북돋우고, 가시적인 변화를 이끌어 낼 구체적 훈련 방법을 배울 것이다.

'그리 아니하실지라도'라는 선언에 따라 살아갈 준비가 되었다면, 계속 읽고 실천할 준비를 하라.

7장

여기, 지금부터
시작되는 변화

2020년 봄은 힘든 시기였다. 약 14주 동안 가족을 포함한 전 세계가 새로운 생활방식에 적응해야 했다. 외식이나 쇼핑 같은 일상적인 활동들이 중단되었고, 음악 레슨, 스포츠 연습, 심지어 교회 활동까지 모두 온라인으로 전환되었다. 앞으로 어떻게 살아갈 수 있을지 걱정되었다.

몇 주가 몇 달로 늘면서, 우리는 점차 적응해갔다. 이 과정에서 몇 가지 단계를 경험했다.

첫째, "이거 꽤 멋진데" 단계였다. 줌 사용법을 배우고, 온라인으로 사람들을 만나는 것이 처음엔 어색했지만, 우리는 "이런 기술을 허락하신 하나님께 감사합니다"라고 자주 말했다. 과학기술이 우리를 연결해주는 것에 놀라고 감사했다.

우리는 새로운 위생 습관을 익혔고, 얼굴을 자주 만진다는 사실에 놀랐다. 소독을 자주 했고, 마스크는 이웃 사랑의 표현이자 패션 아이템이 되었다.

그러다 "이제 좀 지겹네" 단계에 접어들었다. 온라인 모임에서 반복되는 상황들이 눈에 띄기 시작했다. 항상 야외에 있는 사람, 개 짖는 소리나 아기 우는 소리가 들리는 사람, 음소거 기능을 제대로 못 쓰는 사람, 매번 가상 배경을 바꾸는 사람, 화면을 절대 켜지 않는 사람 등이다. 처음엔 귀여운 특징으로 보였던 것들이 나중엔 짜증을 유발했다.

우리는 반복된 손 씻기로 손이 갈라지고 아프기 시작했다. 사회적 거리두기로 인해 간단한 심부름도 오래 걸렸다. 집에 갇힌 학령기 아이들이 있는 가정의 고충은 더욱 컸다.

이는 "하나님 우리를 도우소서" 단계로 이어졌다. 화면 피로감이 실제로 존재함을 깨달았고, 모든 관계를 가상의 경계 안에 압축해놓는 것에 지쳤다. 학교는 물론 콘서트나 스포츠 경기 관람도 불가능해 보였다. 넷플릭스만 볼 수 있을 뿐이었다.

그러다 단계적 재개가 시작되었다. 필수 사업부터 비필수 사업까지 차례로 열렸고, 교회도 제한적으로 모임을 시작했다. 미용실도 가고 식당에서 식사도 할 수 있게 되었다. 백신도 나왔다.

하지만 예상치 못한 일이 일어났다. 많은 이들이 밖으로 나가길 주저했다. 격리 중에는 일상으로 돌아가길 갈망했지만, 막상 기회가 오자 망설였다.

우리는 생존하느라 바쁜 동안 자신이 변화하고 있음을 깨닫지 못했다. 새로운 리듬이 생활방식이 되어갔고, 이전 삶으로 돌아가기 어려운 습관들이 형성되었다.

2020년을 통해 우리는 습관을 바꾸는 것이 어렵지만 가능하다는 것을 배웠다. 단순히 행동을 멈추는 것이 아니라, 새로운 삶의 방식을 형성함으로써 습관을 변화시킬 수 있다. 코로나 시기의 경험은 충분한 반복으로 다르게 살 수 있음을 보여준다. 이제 우리는 그 방법을 배울 것이다.

삶을 멋지게 만들어가는 전례를 시작하라

'그리 아니하실지라도' 삶의 실천에 집중하기 전에, 우리의 행동이 어떻게 삶의 목적을 형성하는지 이해하는 것이 중요하다. 철학자 제임스 스미스는 《습관이 영성이다 *You are What You Love*》에서 우리가 주로 습관에 의해 형성된다고 말한다. 우리가 생각하는 피조물이기 이전에 우리는 행동하는 피조물이라는 의미다.

우리의 행동은 우리가 가치 있게 여기는 것으로 형성된다. 스미스는 이를 우리가 추구하는 "멋진 삶"이라고 설명하는데, 이는 우리의 가치관과 목표가 행동으로 표현된다는 것이다.[1] 예를 들어, 재정적 안정을 중요하게 여긴다면 그에 맞게 저축하고 소비할 것이다. 전인격을 갖춘 아이로 키우려고 한다면 당신은 특정한 방식으로 자녀를 양육해야 할 것이다.

내가 말한 것은 당신도 이미 알고 있는 내용이다. 스미스의 통찰은 우리의 '행동'이 멋진 삶에 대한 관점에서 비롯될 뿐 아니라 그 관점을 형성하는 데에도 영향을 미친다는 점에서 유용하다. 다시 말해, 우리가 바라는 것이 행동 방식을 결정할 뿐만 아니라, 우리의 행동이 우리의 열망을 형성할 수도 있다.

매일 우리는 '멋진 삶'을 약속하는 실천들을 한다. 스미스는 이를 "전례"[2]라고 부른다. 이는 적절한 표현인데, 전례가 보통 예배의 맥락에서 사용되기 때문이다. 우리는 가치 있다고 믿는 것, 행복과 목적과 의미를 줄 것이라 믿는 것을 숭배한다.

이해가 안 된다면, 쇼핑몰에서 사람들을 관찰해보라. 점포 진열창의 상품들은 "이것이 당신의 새로운 삶이 될 수 있다"고 약속한다. 사람들이 물건을 살 때의 표정을 보면, 구매한 새 신발이나 옷으로 순간적으로 자존감이 높아지는 것을 볼 수 있다. 이것이 바로 쇼핑백에 담긴 '멋진 삶'이다. 행동이 관점을 강화하는 것이다.

운동을 통한 다이어트를 해본 사람이라면 이 역학을 이해할 것이다. 처음에는 운동이 좋다고 믿고 시작한다. '몸이 좋아진' 자기 모습을 상상하지만, 아직 습관은 형성되지 않았다. 그래서 행동으로 옮긴다. 헬스장에 등록하거나 자전거를 산다. 트레이너를 고용하거나 행동 강화를 위한 시스템을 만든다. 비전이 행동을 유발하는 것이다.

프로그램을 지속하면 체중이 줄고 활력이 생긴다. 칭찬받기 시작하고, 운동을 빼먹을 때의 감정도 알아차리기 시작한다. 이제 실천이 역으로 작용한다. 실천이 비전에서 나오는 대신, 비전을 형성하기 시작한다. 충분히 반복하면, 실천은 비전을 강화하는 습관이 된다. 일시적으로 동기를 잃었더라도 마찬가지다.

'그리 아니하실지라도' 믿음을 실천하는 것도 같은 원리다. 우리는 이 책 초반에 그 선언의 요소들을 설명했다. 즉, 하나님의 선하심에 대한 확신과 하나님을 예배하려는 결심이다. 우리는 중간에 있는 장애물들을 파악하고, 그 과정에서 '그리 아니하실지라도' 믿음으로 살아갈 때의 '멋진 삶'에 대한 그림을 그리려 했다.

하지만 이해한다고 해서 완전히 숙달했다는 뜻은 아니다. 가령, 내 아들 중 하나는 비올라를 배우고 있다. 처음 몇 번의 레슨은 활 잡는 법, 악기를 턱 밑에 올바르게 놓는 법 등을 배웠다. 각 현의 음색, 조율법, 활의 압력에 따른 소리 변화 등을 배웠다. 한 달간 이런 기본을 배우고 간단한 노래를 수없이 반복한 후에야 비올라가 어떻게 작동하는지 이해했다. 하지만 실제로 연주하는 법을 익히려면 아직 갈 길이 멀다.

이해하는 것은 숙달의 첫 단계다. 진정한 숙련은 실생활에서 그 이해를 실천할 때 온다. "실천이 완벽을 만든다"라는 말처럼 말이다.

'그리 아니하실지라도' 삶을 진정으로 살아가려면, 그것이 습관이 될 때까지 반복적인 실천이 필요하다. 우리에겐 이 믿음에서 출발해서 또 우리를 그런 사람으로 만들어가는 전례 의식들이 필요하다. 여기서 모든 상황에 적용되는 실천들을 나열하는 것은 불가능할 것이다.

대신, 우리 말과 행동이 마음에서 나오므로, '그리 아니하실지라도'를 고백하는 사람의 기본 동기를 살펴보기로 한다. 이 동기들이 그 선언의 근간이 되는 태도를 형성하기 때문이다.

태도는 타고난 자세와 같다. 그리고 신체 자세처럼 마음 자세도 있다. 기본적인 태도나 성향 말이다. 어떤 이의 마음 자세는 불평할 준비가 되어 있고, 또 어떤 이는 지나치게 낙관적인 태도로 살아간다. 그들에게는 좋은 게 좋은 거다.

이런 마음의 자세도 바로잡을 필요가 있다. 이를 위해서는 자신에게 익숙한 사고방식과 생활방식을 바꾸려는 노력이 필요하다. 새로운 습관을 만들려면 작은 실천들을 반복해야 한다. 처음엔 어색하겠지만, 계속 반복하면 제2의 천성이 될 수 있다.

믿음도 마찬가지다. 가짜 가정들에 굴복하는 습관이 자신에게 있다면, 우리는 단순한 선언을 넘어 새로운 '그리 아니하실지라도' 습관을 형성해야 한다.

명백한 것에서 시작하라

1997년 5월 21일, 프레드 로저스는 기립박수와 함께 에미상 공로상을 수상했다. 로저스는 충실하고 영향력 있는 공영방송 어린이 프로그램 진행으로 인정받고 있었고, 전 세대가 그의 이웃으로 자라났다. 늘 그랬듯이 겸손하고 점잖은 투로 로저스는 지금까지 그를 도와준 모든 사람에게 따뜻하게 감사를 전했다. 그런 후 그는 뜻밖의 행동을 보였다.

로저스는 청중에게 말했다. "우리 모두에게는 사랑으로 우리를 존재하게 해준 특별한 사람들이 있습니다. 나와 함께 10초 동안만 현재의 당신이 되도록 도와준 사람을 생각해보지 않겠습니까? 당신을 돌본 사람, 당신이 최고의 인생을 살길 원했던 사람들. 10초 동안 침묵입니다. 내가 시간을 재겠습니다."[3]

처음에는 웃음이 터졌지만, 로저스가 진지하게 시계를 들여다보자 사람들은 그의 진심을 깨달았다. 카메라가 추억의 뒤안길을 더듬으며 유명 배우들의 눈물 어린 얼굴을 비추는 동안, 감사의 침묵이 10초간 이어졌다. 단지 10초간의 감사 행동이 그 자리 전체를 변화시켰다.

감사는 우리 삶에 나타난 하나님의 선하심에 대한 올바른, 첫 반응이다. 우리는 하나님의 선하심을 기억할 때 감사드린다. 감사는 하나님의 선하심을 인식하는 것 이상이다. 그것은 우리 자신을 인식하고, 어떤 상황에서도 바른 관점을 갖게 해준다.

"감사를 드리다"는 말은 헬라어 원문에서 '은혜'를 뜻하는 '카리스'*charis*에서 유래했다. 여기에 "좋은"이라는 뜻의 접두사 '에우'*eu*가 붙었다. 칭송eulogy이나 완곡어법euphemism은 좋은 말이나 좋은 문구를 뜻한다. 감사는 우리가 받은 "선한 은혜"를 인정하는 행위이다. 우리는 그런 행동이나 생각을 받을 자격이 없었다.

음식을 가져다주는 사람이든 사려 깊은 선물을 주는 친구든, 감사는 "나는 자급자족할 수 없다. 나는 다른 이와 연결되어 그들에게 의존하고 있다"라고 말하는 것과 같다. 감사는 누군가가 끊임없이 나를 돌보고 필요를 채워준다는 사실을 기억하는 것이다.

주변에서 나를 가장 기분 좋게 하는 사람은 내가 당연하게 여기는 것들에 감사를 표하는 이들이다. 그들은 말 없이도 중요한 것이 무엇인지 일깨워준다. 친구 존은 늦은 나이에 예수님께 나아왔다. 그는 처음 교회에 갈 때 천지개벽이 일어날 것처럼 머뭇거렸다. 그 후 하나님이 그를 구원하셨고, 존은 완전히 다른 사람이 되었다. 직업, 결혼생활, 자녀 양육 등 모든 것이 바뀌었다. 존의 삶은 감사로 넘쳐난다. 심지어 티셔츠에도 새겨 잊지 않으려 한다.

존과 나는 함께 하이킹과 낚시 등의 모험을 많이 했다. 우리는 다른 이들에게 플라이피싱의 기쁨과 함께 예수님을 따르는 기쁨을 소개했다. 창조와 삶의 변화에서 하나님의 권능을 경험하며 우정을 쌓았다. 오지 낚시든 성경 공부 후의 식사 자리든, 존은 항상 잠시 멈추고 "목사님과 함께 이런 경험을 하다니 믿을 수가 없어요. 하나님은 정말 선하시죠"라고 고백한다. 나에겐 그저 또 다른 물고기나 또 하나의 대화였지만, 존에게는 하나님의 선하심을 경험하는 중요한 순간이었다.

감사하는 사람들은 삶을 넓은 관점에서 보는 것에 익숙하다. 감사는 불평과 자만의 티끌을 제거하여 하나님의 선하심을 더욱 분명하게 해준다. 존은 죄 사함을 통해 새 출발을 선물받은 그 인생 경험을 잊지 않는다. 하나님께 대한 존의 감사는 그의 땀구멍마다 배어 나온다. 존이 '그리 아니하실지라도' 믿음의 사람이라는 것은 놀라운 일이 아니다.

감사할 때 후회를 극복할 수 있다

감사는 '그리 아니하실지라도' 선언의 핵심 동기다. 감사는 예배로 이어지고, 예배는 만족을 가져오기 때문이다. 감사할 때 우리는 하나님의 인자하심과 선하심을 직접 체험한다. 우리가 어려움 속에서 스스로 해결할 수 없던 것들을 받았음을 인식하게 된다. 숨 쉴 수 있는 폐, 적절한 말, 희망, 인내할 힘 등이 그렇다. 삶이 항상 우리 뜻대로 되지 않았더라도, 우리 삶은 하나님의 섭리적 은혜로 가득 차 있다.

감사는 하나님의 다양한 은혜에 대한 적절한 반응이다. 절망적인 상황에서도, 감사는 하나님의 무수한 공급을 상기시켜 우리 시야를 넓혀준다. 하나님의 돌보심을 감사하며 기억할 때, 우리는 '그리 아니하실지라도'라고 말할 수 있는 힘을 얻는다.

또한 감사는 조건, 후회, 플랜 B의 힘을 약화시킨다. 하나님이 이미 행하신 일을 기억함으로써, 우리의 조건적 태도를 줄인다. 우리가 원하지 않았던 일이라도 그렇다. 충족되지 않은 조건들이

"하나님이 내 뜻대로 하지 않으셨으니 나에겐 아무것도 없다"라는 잘못된 결론으로 이어지지 않게 한다. 감사는 우리의 관점을 재조정하여, 예상과 다른 상황에서도 하나님이 여전히 우리와 함께하심을 깨닫게 한다. 우리는 하나님의 일상적 공급과 보살피심에 대해 감사할 수 있다.

감사는 후회를 은혜의 복음이라는 저울에 달아 그 부담을 줄인다. 사도 바울이 이를 잘 보여준다. 바울은 과거 바리새인의 삶을 많이 후회했을 것이다. 그는 초대 교회 지도자 스데반이 돌에 맞아 죽는 것을 목격했으며 심지어 적극 찬성하기까지 했다. 바울은 이런 자신을 죄인 중에 괴수라고 말했다딤전 1:15.

로마서에서 바울은 하나님의 율법을 사랑하는 마음과 육체의 죄의 법 사이의 갈등을 토로했다. 그는 원하는 선은 행하지 못하고, 원치 않는 악을 행하는 자신을 발견했다. 우리도 하나님의 뜻과 반대되는 태도나 습관적 죄와 씨름해 본 경험이 있을 것이다.

바울은 이 좌절감을 "오호라 나는 곤고한 사람이로다 이 사망의 몸에서 누가 나를 건져내랴"롬 7:24라고 표현했다. 그의 열망과 후회가 느껴지지 않는가?

그러나 바울은 이 후회에 감사로 응답했다. "우리 주 예수 그리스도로 말미암아 하나님께 감사하리로다." 이는 단순히 후회를 피하거나 "밝은 면을 보라"는 격려가 아니었다. 바울은 곧이어 "그런즉 내 자신이 마음으로는 하나님의 법을 육신으로는 죄의 법을 섬기노라"라고 현실을 직시했다.

바울의 감사는 그의 후회를 넘어서게 했다. 그는 그러므로 이 제 그리스도 예수 안에 있는 자에게는 결코 정죄함이 없나니 이 는 그리스도 예수 안에 있는 생명의 성령의 법이 죄와 사망의 법 에서 너를 해방하였음이라"8:1-2라고 결론 지었다. 바울은 이미 얻은 자유에 감사했고, 하나님의 은혜로운 공급을 깨달았다. 예 수님은 바울을 사망의 몸에서 구원하셨고, 과거의 실패와 현재의 좌절을 위해 죽으셨다. 이제 어떤 과거도 이 자유를 위협할 수 없 으며, 새로운 진정한 미래가 가능해졌다.

또한 감사는 플랜 B를 만들게 하는 염려들을 물리치게 한다. 인생에서 '…하면 어쩌지'가 우리를 위협할 때, 감사는 하나님이 이미 행하신 일들을 상기시킨다. 과거의 신실하심은 미래에 대한 확신을 준다. 이를 기억하면 불확실한 가능성에 대한 염려에서 벗어날 수 있다. 감사는 미래를 더 확실하게 만들지는 않지만, 하 나님의 지속적인 공급을 상기시켜 불확실성을 더 편안하게 받아 들이게 한다.

맥스 루케이도는 이를 다르게 표현했다. "염려하는 마음은 '이 것만 있으면 괜찮을 거예요'라고 말하지만, 감사하는 마음은 '하 나님이 이미 이것을 주셨네요. 감사합니다'라고 말한다."4 믿음 으로 사는 것은 미래의 '…하면 어쩌지'에서 현재의 '있는 그대 로'로 시선을 옮기는 것이다. 의도적으로 감사하면 하나님의 선 하심을 더 깊이 인식하게 된다.

당신만의 하나님 임재연습 리추얼

감사는 '가짜 가정'을 놓아주고 '그리 아니하실지라도' 선언을 할 수 있게 한다. 하나님의 구체적인 선하심을 기억함으로써, 그분의 선하심에 대한 확신이 커진다. 이 확신은 앞으로의 불확실한 상황에서도 하나님을 신뢰하려는 결심을 강화한다.

최근 나는 또 한 번의 고통스러운 척추 수술을 마친 교인을 방문했다. 코로나 봉쇄 전에 방문할 수 있어 다행이었다. 이 자매는 평생 골반, 다리, 척추에 수많은 수술을 견뎌왔다. 젊은 시절엔 골격 교정을 위해 전신 깁스를 한 채 몇 달을 누워 지냈고, 40년 넘게 끊임없는 고통 속에 살았다. 누구보다 자신의 삶에 분노할 이유가 있는 사람이었다.

그러나 그녀는 고통 속에서도 기쁨 가득한 표정으로 나를 맞이했다. 고통으로 인한 찡그림 위에 미소가 겹쳐 있었다. 우리는 그녀의 삶, 고통 그리고 그동안 겪은 실망에 대해 이야기했다. 그 여정을 회상하며 그녀는 계속해서 하나님의 신실한 임재와 자비에 대해 말했다. 그녀를 지탱한 것은 깁스가 아닌, 하나님에 대한 그녀의 감사였다.

"이 고통을 원하는 건 아니지만, 견딜 만해요. 하나님이 나를 위해 죽으셨고 사랑하시니까요." 그녀는 이렇게 결론 지었다. 그녀는 자신의 정체성과 소속을 분명히 알고 있었고, 어떤 고통도 이를 바꿀 수 없었다. 나는 경외심을 느꼈다. 그녀를 돕고자 갔지만, 오히려 내가 도움을 받았다. 잭 디어의 말이 떠올랐다. "무엇이 더 초자연적인가? 병의 치유인가, 아니면 육체가 황폐해져도 여전히 예배하는 마음인가?"[5]

이 깊은 믿음의 고백 밑에는 은혜에서 흘러나오는 감사의 강이 있었다. 삶이 힘들어도, 그녀는 그리스도 안에서 하나님의 사랑을 알았다. 그녀는 데살로니가전서 5장 18절의 "범사에 감사하라"Give thanks *in* all circumstances를 실천했다. '때문에'for가 아닌 '안에서'in 감사한 것이다.

그녀는 고통 때문에 감사한 것이 아니라, 고통 속에서 감사했다. 그녀의 '그리 아니하실지라도' 선언은 나를 겸손하게 했다. "고통이 평생 따를지라도 당신을 예배하겠습니다. 하나님이 나를 위해 죽으시고 모든 상황에서 사랑하셨기 때문입니다." 감사는 '그리 아니하실지라도'로 꽃피웠다.

미스터 로저스의 연습처럼, 매일 10초간 감사하는 것이 우리의 '그리 아니하실지라도' 선언을 형성하는 데 도움이 된다. 이를 단순한 프로젝트로 여기고 흘려보내지 말고, 감사에 한 차원을 더하는 일로 만들어보자. 감사할 때 하나님의 본질이나 행하심에 대해 무엇이 떠오르는지 생각해보는 것이다.

단순히 "하나님, 친구들로 인해 감사합니다"라고 하는 대신, "이 친구들은 하나님이 관계를 위해 우리를 창조하셨음을 알려 줍니다" 또는 "그들을 통해 용서와 이해받고 있음을 경험합니다"라고 덧붙여보자.

우리는 단순한 감사를 넘어 더 깊은 차원의 감사를 실천해보자. 모든 감사는 본질적으로 하나님을 향한 것이어야 하지만, 우리는 종종 피상적인 감사에 머무르곤 한다. 그래서 우리는 '신학적 감사'라는 개념을 생각해볼 수 있다. 이는 하나님을 모든 좋은 것의 근원으로 분명히 인식하는 감사를 의미한다. 단순히 받은 것에 대해 고마워하는 것을 넘어, 그 선물이 하나님의 성품에 대해 무엇을 말해주는지 생각해보는 것이다. 이런 방식의 감사는 우리가 받은 축복뿐만 아니라 그 축복을 주신 하나님의 본질에 대해서도 깊이 생각하게 해준다.

이를 매일 아침저녁으로 실천하자. 감사로 하루를 시작하고 마무리하라. 다른 연습들과 마찬가지로 감사도 반복적인 연습이 필요하다는 점을 기억하자.

그리고 감사를 실천할 때 서두를 필요는 없다. 막내가 걸음마를 배울 때, 저녁 식사 기도를 이어받아 하는 습관이 생겼다. 식사와 하루에 대해 감사하는 기도였다. 아이는 "감사" 노래를 크게 부르고, 가족들은 화답하듯 따라 불렀다.

감사합니다 예수님(반복)

우리의 음식과(반복)

많은 복을 주셔서(반복)

아멘(반복).

우리 막내의 감사 노래는 정말 귀여웠다. 다만 한 가지 특이한 점이 있었다. 아이는 첫 줄을 마치 전체 노래인 것처럼 길게 불렀다. "가아아아아암사아아아아아합니다 예에에에에수님!" 그리고 우리도 똑같이 따라 하길 바랐다. 처음엔 웃음을 참느라 힘들었고, 시간이 지나자 이 기도의 시작이 두려워지기 시작했다. 빨리 식사를 하고 싶어졌다.

이 경험은 내가 감사할 때 얼마나 조급한지 깨닫게 해주었다. 감사를 표현하기도 전에 이미 다음 생각으로 넘어가곤 한다. 반면에 걱정거리나 문제는 오래 곱씹는다.

우리가 걱정하고 후회하고 대안을 세우는 데 쓰는 시간만큼 감사하는 데 시간을 쓴다면 어떨까? 염려가 줄어들고 평화로워지지 않을까? 이런 부정적인 생각들에 쓰는 에너지의 일부라도 감사에 쓴다면, '그리 아니하실지라도' 태도가 새롭게 자라날 것이다.

지금 바로 시작해보자. 오늘 하나님이 보여주신 선하심 한 가지를 깊이 생각해 감사해보자. 더 나아가 만족스럽지 않은 상황에 대해서도 감사할 점을 찾아보자. 그 상황이 하나님에 대해 무엇을 말해주는지 진지하게 생각해보자. 이런 식으로 계속해보자. 지금 시작하라. 내가 시간을 재겠다.

이렇게 작은 실천이 우리의 삶을 어떻게 변화시킬 수 있는지를 기대해보자. 우리의 마음속에 감사의 씨앗을 심는 것만으로도, 앞으로의 날들이 훨씬 더 빛나게 될 것이다.

감사와 만족은 늘 하나로 움직인다

신학적 감사를 충분히 오래 실천하면 만족이라는 감사의 조용한 동반자와 친해질 것이다. '조용한'이라고 표현한 이유는 우리 문화에서는 이런 만족을 찾기가 어렵기 때문이다. 주변은 삶의 불완전함을 강조하는 광고와 마케팅으로 가득하다. 그들의 제품을 사지 않으면 뭔가 부족하다고 느끼게 만든다. 소비주의는 계속해서 더 많은 것을 원하게 만든다. 불만족이 우리의 생활방식을 부추긴다.

현재 상태, 정체성, 소유에 만족하지 못할 때 우리는 불만족을 느낀다. 마케팅 전략이 이를 부추기지만, 불만족 자체를 완전히 피하긴 어렵다. 삶이 우리 뜻대로 되지 않을 때, 우리 꿈이나 기대와 맞지 않을 때 불만족을 느낀다.

억제하지 않으면 불만족은 커져서 우리가 가진 좋은 것들, 하나님이 하신 일, 하나님의 은혜로 우리가 서 있는 모습을 보지 못하게 된다. 불만족은 불평으로 변하고, 우리는 삶을 하나님의 풍성한 선하심이 아닌 결핍의 관점에서 보기 시작한다. 이로 인해 조건과 후회가 불만족을 먹고 자란다. 이런 '가짜 가정들'은 하나님이 우리를 실망시키는 이유를 조목조목 제시하며, 우리가 생각하는 이상과 맞지 않는 모든 것을 증거로 제시한다.

미로슬라브 볼프는 그의 책에서 불만족의 딜레마를 잘 설명했다.[6] 우리가 아무리 많이 가지거나 이뤄내도, 항상 더 원하게 된다. 새 물건이나 승진도 시간이 지나면 빛이 바랜다. 최신 기기도 곧 구식이 되고, 최고 성과도 기억에서 흐려진다. 가장 성공한 사람도 불완전함을 느낀다. 좋아요 수, 팔로워, 새 장비, 멋진 물건은 결코 충분하지 않다. 우리의 욕망이 항상 소유를 앞서기 때문이다.

원하는 것을 다 가지면 만족할 거라 믿으며 살려고 하면, "이것만 있으면 행복할 텐데"라는 생각을 끊임없이 하게 된다. 이것은 심신을 지치게 하는 삶의 방식인데, 일시적 만족에서 다음 만족을 찾아 끊임없이 옮겨가도록 한다.

아무리 많이 모아도 진정한 만족은 오지 않는다. 만족은 소유의 양이 아니라 태도의 문제다. 경건한 만족은 목표 달성이 아닌 과정에서 온다. 그것은 여정 내내 감사하는 데서 비롯된다. 지금까지 삶에서 보여준 하나님의 선하심을 곰곰이 생각해보면, 앞으로 올 모든 것은 풍성한 식사 후의 디저트와 같다. 디저트를 먹을 자리는 있겠지만, 너무 배불러 없어도 괜찮을 정도다. "예수님 감사합니다"는 "다예누"(그것으로 충분합니다)로 이어진다.

우리는 '부족한' 사람이 아닌 '충분하고도 남는' 사람이 될 수 있다. 상황과 관계없이 만족하는 비결은 하나님의 선하심을 아는 데 있다. J. I. 패커는 만족을 하나님을 아는 것의 결과로 보았다. 하나님을 아는 이들은 그 안에서 큰 만족을 누리며, 어떤 상황에서도 하나님을 신뢰할 수 있다. 이는 사드락, 메삭, 아벳느고가 경험한 평안과 같다.[7]

하나님은 예수님 안에서 그 어떤 복보다 더 크고 견고한 만족의 토대를 마련해주셨다. 그리스도 안에는 하나님 영광의 충만함이 있으며, 이는 그분을 사랑하고 신뢰하는 사람들이 지금 이 순간에도 누릴 수 있는 것이다. 바울은 교회가 이 부르심의 소망과 기업의 영광을 알기를 기도했고엡 1:18, 하나님이 그리스도 안에서 모든 필요를 채우실 것을 잊지 않게 했다빌 4:19. 바울은 교회들이 그들이 소유한 것을 기억하고, "자족하는 마음이 있으면 경건은 큰 이익이"딤전 6:6 된다는 것을 알라고 했다.

만족은 '그리 아니하실지라도' 결심의 핵심이다. 우리는 어떤 일이 닥쳐도 하나님을 신뢰하기로 결정한다. 하나님이 지금까지 선하셨기 때문이다. 우리가 만족하는 이유는 하나님 자체로 충분하기 때문이다. 앞으로 하나님이 무엇을 명하시든, 그것이 항상 우리 마음에 들지 않더라도, 우리는 이미 받은 것에 감사하며 그것을 받아들일 것이다.

나는 목회 생활의 중요한 전환점에서 이를 경험했다. 아내와 내가 시카고의 교회 공동체를 떠나기로 했을 때 우리는 불안했다. 그 교회는 우리의 신혼 시절부터 세 아이의 부모가 되기까지 우리를 사랑해주었다. 그들은 우리를 보살피고, 교회에서 자녀를 어떻게 키우는지 본을 보여주었다.

더욱이 그 회중은 내가 어떤 목사가 되고 싶은지에 직접적인 영향을 미쳤다. 그들은 나를 강하게 하고, 격려하고, 은혜로 사랑해주었다. 우리의 교회 생활은 "목사를 키우는 데는 한 교회가 필요하다"라는 말을 실제로 보여주었다. 나는 그들이 곁에 두고 싶은 목사가 되고 싶었다.

고향인 메릴랜드로 돌아가는 것은 부담스럽고 비합리적으로 느껴졌다. 머물러야 할 이유가 너무 많았다. 나의 멘토는 나를 차기 담임목사로 생각하고 있었고, 우리는 이웃을 사랑하며 그곳에서 사명감을 느꼈다. 주변의 난민 공동체와도 깊은 우정을 쌓고 있었다.

그런데 하나님은 우리의 젊은 시절을 보낸 곳으로 돌아가라고 부르셨다. 이사를 생각하니 온갖 '…하면 어쩌지'가 우리를 괴롭혔다. 새 교회가 맞지 않으면 어쩌지? 사역이 실패하면 어쩌지? 아이들이 교회를 싫어하면 어쩌지? 모든 게 실수면 어쩌지? 이런 의문들이 사라지지 않았지만, 우리는 가기로 결정했다.

결국 우리에게 용기를 준 것은 감사와 만족에서 나온 '그리 아니하실지라도' 선언이었다. 하나님의 뜻을 분별하면서, 아내와 나는 우리가 받은 축복들, 하나님이 교회를 통해 우리를 빚으시고 사랑하신 방식들을 되새겼다. 하나님은 너무나 자비로우셔서 우리를 메릴랜드에서 떠나게 하시고 우리가 성장했을 때 머물렀던 교회로 다시 인도하셨다. 앞으로의 일은 불확실했지만, 하나님을 신뢰하지 못할 이유가 없었다.

우리의 삶은 충만했고, 우리는 바울처럼 "어떠한 형편에든지 나는 자족하기를 배웠노니"라고 말할 수 있었다. 다음 사역이 잘 풀리지 않더라도, 큰 실수를 하고 있다 할지라도, 우리는 주님을 따라 앞으로 나아갈 것이었다.

우리는 짐을 싸서 떠났다. 그 후 2년간의 사역은 내 인생에서 가장 어려운 시기 중 하나였다. 많은 후회와 실수를 했다고 느꼈다. 관계는 처음부터 다시 시작해야 했고, 더 큰 회중과 신뢰를 쌓아야 했다. 도덕적 실패로 인해 교역자 팀이 흔들렸다. 시카고에서의 안정된 삶과 달리, 이제는 처가 식구들과 함께 살게 되었다. 나는 시카고로 돌아가고 싶었다.

이 힘든 시기를 견디게 해준 것은 정기적인 감사 훈련이었다. 나는 과거부터 시작했다. 시카고로 가게 될 줄은 전혀 몰랐지만, 하나님은 낙담한 목사 지망생이었던 나를 그곳에서 성장하고 회복하게 하셨다. 그다음으로 내 앞에 있는 것에 대해 감사했다. 함께 살아갈 열정 있는 젊은이들이 있었고, 새로운 선교 기회도 있었다. 가족들과 함께 있었고, 아이들도 잘 지내고 있었다.

상황은 변하지 않았지만, 점차 만족을 느끼게 되었다. 새로운 도전들에 대해 '다예누'(그것으로 충분합니다)라고 말하기 시작했다. '그리 아니하실지라도' 믿음 안에서는 만족과 불만족이 공존할 수 있음을 배웠다. 현재 상황을 좋아하지 않아도, 그 속에서 하나님과 함께 있음에 만족할 수 있다.

내가 상상했던 곳이 아닐지라도, 나는 여전히 하나님을 신뢰한다. 하나님이 나를 여기로 인도하셨고, 때가 되면 또 인도하실 것을 안다. 이 기간이 짧더라도, 시카고에서 배운 모든 것을 쏟아부어 하나님의 부르심을 이룰 것이다.

하나님이 맡기신 사람들을 최선을 다해 사랑함으로 하나님을 예배하기로 결심했다. 사역이 어떻게 되든 하나님을 신뢰할 것이다. 모든 것이 하나님께 속해 있기 때문이다. 하나님은 나를 버린 적이 없으시며, 앞으로도 그러지 않으실 것이다. 감사와 만족은 이 시기를 단순히 견디는 것이 아니라, 그 모든 것을 통해 하나님을 예배하게 해주었다.

당신의 '그리 아니하실지라도' 선언은 나와 다를 수 있지만, 같은 감사와 만족의 근원에서 나올 것이다. 하나님의 돌보심에 마음이 부드러워질 때, 감사와 만족의 습관은 어떤 상황에서도 하나님을 진정으로 사랑하고 섬기는 자유로 이어진다는 것을 알게 될 것이다.

다음 장에서는 이 자유가 어떤 모습일지 살펴보도록 하자.

8장

진실을 마주할 수 있는
용기

몇 년 전, 하나님은 우리 교회의 한 신실한 부부를 해외 선교에
부르셨다. 이는 놀라운 일이 아니었다. 그들은 이미 유학생들과
외국인 근로자들을 위한 효과적인 사역을 해왔고, 미전도 지역에
대한 열정을 키워가고 있었다.

후원자를 모집하고 계획을 세우던 중, 뜻밖의 임신 소식을 접했
다. 원래는 가정을 꾸리기 전에 해외로 이주할 계획이었지만, 이
변화에도 불구하고 그들은 나아갔다. 더 많은 것이 필요하더라도,
하나님의 부르심에 순종하여 해외로 떠나기로 결정했다. 그들은
하나님의 선하심이 모든 필요를 채우실 것을 신뢰했다.

하나님은 신실하셨다. 그들의 사역과 가정 모두 풍성한 열매
를 맺었다. 6년 동안 두 아이가 더 태어났고, 자녀들은 이웃과의
관계를 더 쉽게 만들어주었다. 하나님에 대한 자녀들의 사랑은

부모에게 큰 위안이 되었고, 그들의 믿음도 자라났다.

사역 7년 차, 휴가 중에 맏아들이 피로를 호소했다. 처음에는 단순한 감기로 여겼다. 잠자리에 들 때 열이 올랐지만, 타이레놀을 먹이고 재웠다. 그러나 몇 시간 뒤, 아이의 신음소리에 잠을 깼을 때, 아이는 반응이 없었다.

그들은 눈물을 흘리며 아이를 지역 병원으로 급히 데려갔다. 자정 무렵, 상상조차 할 수 없는 일이 일어났다. 건강했던 맏아들, '그리 아니하실지라도' 결심의 상징 같았던 그 아이가, 평범한 감염으로 인한 심장마비로 갑작스레 세상을 떠난 것이다.

비극은 거기서 그치지 않았다. 호텔 방은 범죄 현장으로 분류되어 격리되었고, 원인 미상의 사망에 대해 부모가 의심을 받았다. 질문과 의학적 검사가 잇달았고, 결국 의료진은 단순히 '불운'이었다고 결론지었다.

아니, '불운'이라니. 이 말은 좋아하는 음식이 내 바로 앞에서 다 떨어졌을 때나 쓰는 말이다. 그들이 겪은 비극은 운의 영역을 훨씬 넘어섰다. 선하신 하나님을 믿기에 그들은 더 깊은 질문에 직면해야 했다. "왜?"라는 질문뿐만 아니라 "이제 어떻게 해야 하나?"라는 물음과 씨름했다.

우리는 오랫동안 우리를 사랑하시고 우리 삶에 대한 멋진 계획을 가진, 주권적인 하나님을 믿어왔다. 하지만 그 어두운 밤에 그 하나님은 어디 계셨는가? 운명이 우리를 지배하고 있었나?

믿기 힘들고 너무나 절망적이었다. 하나님은 무슨 일이 일어나고 있는지 아셨고, 그것을 허용하셨다. 우리는 하나님이 아이의 생명을 구하지 '않으셨을지라도' 그분을 찬양할 수 있을까?

다음 해는 슬픔과 분노, 혼란의 안개 속에서 흘러갔다. 고통은 깊었다. 하나님의 부르심을 따르는 이들에게 주어지는 불확실함과 고난은 어느 정도 예상하지만, 이는 그 범위를 훨씬 넘어선 것 같았다. 그 작은 관은 결코 존재해서는 안 되는 것이었다. 누구도 이런 일에 준비가 되어 있지 않다.

현지에서 장례를 치른 후, 가족은 어린 아들의 시신을 안고 미국으로 돌아왔다. 그들을 파송한 믿음의 공동체와 함께 슬픔을 나누기 위해서였다. 부모는 같은 길을 걸었지만, 각자의 방식으로 슬퍼했다. 자식을 잃은 부모의 고통은 헤아릴 수 없다. 매일 아침 깨어나 '이 악몽이 현실이구나'라는 현실과 직면해야 했다. 기도와 상담, 교제와 예배 속에서 많은 눈물을 흘렸다. 믿음의 공동체 전체가 이 상황 앞에서 망연자실했다.

애도 기간이 지난 후, 그들은 아들이 세상을 떠난 그 나라로 돌아가 슬픔의 여정을 이어갔다. 더 많은 의문과 불확실성이 그들을 감쌌다. 그곳으로 돌아가 모든 것을 직면할 수 있을까? 슬픔의 골짜기에서 네 살배기와 젖먹이와 함께 계속 살아갈 수 있을까? 그러나 그들은 이 믿기 힘든 여정을 시작할 때 했던 것처럼, 이해할 수 없을지라도 믿고 순종하기로 결심했다.

아들이 세상을 떠난 지 1년이 되었을 때, 하나님께서 강렬한 방식으로 부모에게 다가오셨다. 깊은 슬픔과 고통 속에서 새로운 '그리 아니하실지라도' 선언이 나왔다. 예기치 않은 임신 때의 선언과, 아이를 잃은 후의 속삭임은 매우 달랐다.

그들은 이렇게 고백했다. "끔찍한 대가를 치르더라도 당신을 예배하고 순종하겠습니다. 당신은 우리와 우리 자녀들의 생명을 받기에 합당하신 분이며, 우리는 당신을 신뢰합니다." 아버지는 편지에서 이렇게 설명했다.

예수님을 따르기로 한 결심은 최악의 상황에서도 변함없습니다. 우리는 예수님이 우리 소원을 들어주시기 때문이 아니라, 그분이 영원하신 하나님의 말씀이시기에 예배드립니다. 아들을 잃은 고통 속에서도, 우리는 하나님께서 모든 영광을 받으시기에 합당하다고 믿습니다. 새 하늘과 새 땅을 간절히 기다리지만, 그날이 올 때까지 우리는 오직 하나님만을 섬기겠습니다. 어떤 상황에서도 다른 것에 의지하지 않고 오직 하나님께만 충성을 다하겠습니다.

또 한 해가 지났다. 그들은 여전히 '그리 아니하실지라도' 선언을 새롭게 하고 있다. 예상치 못한 슬픔의 파도가 밀려올 때마다, 하나님의 선하심을 믿고 그분을 예배하기로 결심할 새로운 기회가 주어지는 듯하다.

그들은 다양한 '가짜 가정들'과 싸워야 했다. '…했더라면'이라는 후회들이 부모의 양심을 괴롭혔다. 그 고통스러운 밤이 다르게 끝날 수 있었을까 하는 생각들이 들었다. "열에 더 주의를 기울였다면", "의료 시설이 잘 갖춰진 우리 집 근처에 있었다면", "무슨 일이 일어나고 있는지 알았더라면" 등의 생각들이었다.

이제 다른 자녀가 아프면 얼마나 큰 불안감이 들지 상상해보라. 특히 맏아들을 특이한 감염으로 잃고 코로나로 격리된 삶을 사는 상황에서 느끼게 되는 두려움을 생각해보라(이 책이 출간된 2021년은 코로나19가 언제 끝날지 모를 때였다-편집주).

그들의 이야기와 '그리 아니하실지라도' 선언은 지금도 계속 기록되고 있다. 이 선언이 모든 투쟁에서 벗어나게 하거나 모든 것을 명확하게 만들지는 않는다. 이는 한 번으로 끝나는 것이 아니다. 그들의 반응은 완벽하지 않았고, 결심은 흔들렸으며, 믿음은 오르내렸다. 쉬운 여정은 아니었지만, 하나님은 그 가운데서 그분의 선하심을 보여주셨다. 그들은 상실의 풀무 속에서 혼자가 아니었다.

이것이 '그리 아니하실지라도' 삶이 형성되는 방식이다. 하나님 은혜가 실망, 의심, 두려움을 만날 때마다, 우리는 작은 순종의 발걸음과 헌신으로 반응한다. 매 순간 확신이 쌓이고, 하나님을 예배하려는 결심이 더 강해진다. 처음 어려움을 만났을 때 모든 것을 이해할 수는 없다. 한 걸음 한 걸음 나아가며 믿음은 자라나는 것이다.

앞 장에서는 '그리 아니하실지라도' 삶의 기초가 되는 태도를 살펴보았다. 감사와 만족이 하나님의 선하심을 발견하게 하고 우리의 결심을 강화한다.

이번 장과 다음 장에서는 '그리 아니하실지라도' 삶이 가져다주는 자유를 설명할 것이다. 이 선언은 말과 행동에서 진정성 있는 삶을 살게 해준다. 먼저 "있는 그대로 말할" 자유에 대해 다루고, 이어서 우리 여정의 다음 단계로 나아갈 것이다.

있는 그대로 말하라

매년 나는 아이들의 초등학교 콘서트에 참석한다. 코로나 이전에는 많은 사람이 녹화 장비를 들고 학교 식당을 가득 메웠다. 마치 공장 근로자들의 교대 시간 같았다. 이 콘서트는 부모의 자부심만큼이나 인내심을 시험하는 시간이었다. 나는 아이들에게 사랑의 증거로 보여줄 많은 콘서트 영상을 가지고 있다.

한번은 학교 오케스트라의 연주가 유독 엉망진창이었다. 음정이 맞지 않는 악기들과 아직 운동 능력이 미숙한 아이들의 연주가 마치 영역 다툼하는 야생 고양이 무리 같았다.

불협화음이 절정에 달했을 때, 둘째 아들이 더는 참지 못했다. 소음과 딱딱한 접이식 의자의 불편함에 지친 아이는 큰 소리로 "이건 최악이야!"라고 외쳤다. 나는 즉시 조용히 하라고 했다. 아이가 내 생각을 대신 말해준 것에 놀라고 미안한 마음이 들어, 주변의 반응을 살폈다. 그런데 청중들은 모두 동의의 한숨을 내쉬었다. '그래, 이건 정말 최악이야.'

하지만 나의 어린 야만인과는 달리, 나머지 사람들은 우리가 느끼고 있는 것을 말하지 않기로 했다. 자라나는 새싹 음악가들의 확신을 지켜주기 위해서였다. 우리는 어릴 때 예의범절을 지키고, 공손함과 존중의 기준을 유지하라고 배운다. "아름다운 말을 하지 않으려거든 아무 말도 하지 말라"는 속담이 있다. 당신은 몇 살 때 어떤 것은 큰 소리로 말하면 안 된다는 것을 깨달았나?

그리스도인은 의심을 표현하거나, 하나님께 불평하거나, 혼란을 인정하지 말아야 한다는 암묵적 규칙 아래 산다. 우리는 겉으로는 긍정적이고 희망적이어야 한다. 믿음이란 그런 것이고, 아무도 다른 사람들을 의기소침하게 만들고 싶어 하지 않기 때문이다. 그래서 우리는 모든 것을 속으로 삭이거나 적어도 공적인 자리에서는 내색하지 않는다. 교회가 소문의 온상이라는 평판이 있는 것도 그리 놀랍지 않다.

결국 우리는 진짜 생각이나 감정을 무시하거나 억누르는 법을 배운다. 당신은 언제 마지막으로 두려움, 실망, 혹은 진짜 의견을 표현했는가? 소셜 미디어에 거창한 말을 올리는 것이 아니라, 당신이 어디에 있고 누구인지를 직접적이고 연약한 모습으로 드러내며 다른 사람에게 자신을 맡기는 것 말이다.

소셜 미디어가 자기표현을 위해 많은 통로를 제공함에도, 대부분은 우리의 진정한 내면에 대해 침묵한다. 마음속에서 실제로 일어나는 일을 큰 소리로 말하는 것은 어색하고 심지어 부적절하게 느껴진다. 그래서 우리는 낙담, 두려움, 혼란 등을《해리 포터》의 볼드모트 경처럼 다룬다. 이름조차 불려서는 안 된다고 여기는 것이다.

그렇게 하면서 우리는 자신과 타인, 심지어 하나님께조차 완전히 솔직하지 않다. 그로 인해 우리는 가짜 자아, 우리가 살아야 한다고 믿는 허구의 삶 속에 머문다. 그런 삶에는 진정한 성장이 없다. 브라이언 스톤은 이렇게 묘사했다. "당신이 꿈꾸는 삶으로 가는 여정은 삶에서 실제 일어나는 진실을 말하는 능력이 커가면서 이뤄진다. 우리는 그것을 '있는 그대로 말하기'라고 부른다."[1]

다른 말로 하면 고백이다. 당신은 고백을 단순히 죄를 인정하는 나약한 행위로 여길지도 모른다. 물론 그것도 포함되지만, 고백은 더 넓게 말하자면 단순히 진실을 말하는 행위다. 많은 사람이 어떤 진리에 동의할 때, 그 결과로 나오는 믿음의 선언을 "고백"이라고 한다. 성경조차 "우리는 흔들리지 말고, 우리가 고백하는 그 소망을 굳게 지키자"라고 권한다히 10:23, 새번역.

고백을 통해 진실을 말하면서, 우리는 진정성을 경험한다. 숨을 오랫동안 참다 내쉬는 것처럼, 고백은 우리를 자유롭게 하여 거짓됨 없이 진실한 모습이 되게 한다. 신앙 고백이든, 잘못에 대한 고백이든, 이뤄지지 않은 기대에 대한 고백이든, 있는 그대로 말할 때 우리는 친밀함과 관계의 영역으로 들어선다. 마음속 진실을 드러냈기 때문이다.

그래서 성경은 우리에게 하나님께 고백하라고 권한다. 죄, 실망, 두려움을 고백할 때는 하나님이 모르셨던 것을 알리는 게 아니다. 하나님은 우리의 고백에 "뭐라고? 내가 너의 갈등을 몰랐구나. 도대체 무슨 일이야?"라며 놀라지 않으신다. 하나님은 우리에게 진실해지라고, 마음에서 우러나오는 대로 말하라고 권하신다.

하지만 역설적이게도, 하나님은 때로 우리가 마음 깊은 곳의 생각과 욕구를 나누기에 가장 불편한 분이기도 하다. 마치 하나님의 기분을 상하게 하거나 신성한 불안감을 자극할까 봐, 우리는 자기가 느끼는 바를 우리를 지으신 분께 알리는 것을 주저한다. 우리는 도움을 구하고 필요를 하나님 앞에 가져가는 데에는 비교적 익숙하다. 하지만 있는 그대로, 정말 원하는 것, 가장 깊은 갈망과 두려움, 관심사에 대해 말하는 일은 드물다.

우리가 하나님께 이런 식으로 말하기를 주저하는 이유를 곰곰이 생각해보니, 예수님이 하신 가장 강력한 질문 중 하나가 떠올랐다. "네가 무엇을 원하느냐?"라는 질문이다. 이 질문의 어조가 정확히 어떤지 알기 위해 씨름해야 한다. 나라는 골치 아픈 존재 때문에 하루가 방해받은 짜증 난 메시아의 의문이 아니라, 잃어버린 자를 찾아 구원하러 오신 구원자의 질문으로 들어야 한다는 것이다.

예수님은 제자들에게 그들의 욕구를 정확히 말하라고 권하셨다. 맹인이든눅 18:41, 아들들을 위해 청하는 어머니든마 20:21, 자신만 생각하는 그 아들들이든막 10:36 말이다. 당신은 마지막으로 언제 주님께 진정한 갈망을 드러냈는가? 의례적인 말이 아닌, 솔직하고 여과 없는 기도를 드린 적이 있는가?

오래도록 그러지 않았다면 그 이유를 생각해보라. 하나님과의 관계는 그분에 대한 믿음에서 시작된다. 진정한 자신을 하나님께 드러내기 꺼리는 이유는 무엇인가? 우리가 이성적이고 신중할 때에만 사랑받을 수 있다고 믿고 있는 것은 아닌가? 하나님이 선하시기에 우리를 있는 그대로 초대하신다는 것을 믿는가?

하나님께 솔직해지기 싫다는 것은 그분이 충분히 선하시다고 믿지 않는다는 뜻이다. 있는 그대로 말하지 않는 것은 하나님을 예배하려는 결심을 해칠 수 있다. 우리는 모르는 사이에 하나님 대신 다른 것에 의지하게 될 수 있다. 침묵할 때 우리의 '그리 아니하실지라도' 선언도 함께 침묵하게 된다.

찬양보다 애가가 더 많은 시편

있는 그대로 말하는 것은 성경적 관행이다. 시편은 찬양과 감사의 노래뿐 아니라, 혼란 중의 격렬한 불평과 기도로 가득하다. 시편 기자들은 거칠고 날 것 그대로의 불평과 의심, 부르짖음을 여호와 앞에 쏟아냈다. 그들은 우리에게 마음속 생각을 표현해도 된다고 허락하면서 모범을 제시한다.

시편 88편은 있는 그대로 말하는 좋은 예다. 고라 자손이 쓴 이 시는 "나의 영혼에는 재난이 가득하며 나의 생명은 스올에 가까웠사오니"88:3라는 부르짖음으로 시작한다. 시편 기자는 극심한 결핍과 고립을 묘사하며, 심지어 그 고난을 하나님의 진노 탓으로 돌린다.

교회에서 이런 노래를 자주 부르지는 않겠지만, 시편 88편도 다른 위로의 시편들과 함께 성경에 포함되어 있다. 이 시편의 특별함은 그 형식 자체가 메시지라는 점이다. 시편 기자는 믿음의 행위로 불평과 소원을 표현했다. 그들은 실망과 고난 속에서도 선하신 하나님께 의지했다. 비록 그 순간에는 하나님의 선하심을 경험하지 못할지라도 말이다.

마크 부캐넌은 이렇게 묘사했다.

[시편 기자는] 어쨌든 기도하며, 이런 식으로 기도한다. 하나님에게서 보는 것에 따라서가 아니라 하나님을 아는 바에 따라 기도하는 것이다. 이렇게 표현할 수도 있다. 그의 기도는 일상에서 직접 체험한 하나님이 아니라, 성경에 계시된 하나님께 닻을 내리고 있다. 그는 여호와의 선하심을 맛보고 볼 수 있어서 기도하는 게 아니다. 오히려, 눈앞의 증거와는 반대 상황에서도 기도한다. 그가 맛보는 것은 쓴맛이고, 보는 건 어둠이다.[2]

이것이 '그리 아니하실지라도' 믿음이다. 하나님을 느끼지 못할 때도 그분께 부르짖는 것이다.

룻기의 나오미도 비슷한 예다. 그녀는 가족을 잃고 절망 속에 귀향한다. 이름을 '쓰다'라는 뜻의 마라로 바꾸며 자신의 고통을 표현했다. 설명도, 아무런 낙관적 시각도 없이, 그저 자신의 슬픔을 있는 그대로 드러냈다.

우리는 하나님께 있는 그대로 말해야 한다. 하나님은 그 선하심으로 우리에게 솔직히 말할 수 있는 존엄성을 부여하신다. 우리는 원하는 바를 말하고, 전지전능하신 하나님께 현 상황이 마음에 들지 않음을 표현할 수 있다.

우리의 고통과 실망을 하나님께 토로하는 바로 그 행위를 거치면서 고백은 선언으로 변한다. 있는 그대로 말함으로써, 우리는 삶이 힘들고 고통스러워도 다른 거짓 구원자가 아닌 하나님께 나아가 예배하겠다고 선언한다. 우리는 베드로처럼 "주여 영생의 말씀이 주께 있사오니 우리가 누구에게로 가오리이까"요 6:68 라고 말한다.

성경에는 이런 기도를 '애가'라고 부른다. 애가는 있는 그대로를 말하는 성경적 관행으로, 때로는 불평이나 부르짖음의 형태를 띤다. 이는 우리의 힘과 통제력이 바닥났을 때, 절박하게 의존함을 표현하는 방식이다. "주여, 언제까지입니까?"라는 탄식이 반복된다.

시편에는 찬양보다 애가가 더 많은데, 이는 삶의 어려움을 반영한다. 역경 가운데서 하나님께 부르짖을 수 없다면 우리의 믿음은 무슨 의미가 있겠는가? 애가 시편의 많은 수는 하나님이 이러한 부르짖음을 믿음의 행위로 인정하심을 보여준다. 하나님이 들으신다는 확신을 가지고 있는 그대로 말하라는 것이다.

성경에는《예레미야애가》라는 책 전체가 애가로 구성되어 있다. 예레미야 선지자는 예루살렘의 멸망을 보며 자신의 고향이자 하나님이 약속하신 땅의 운명에 대해 슬퍼하며 있는 그대로 말했다.

내 친구 오브리 샘슨은 예레미야애가 3장의 의미를 설명했다.[3] "주께서 내 심령이 평강에서 멀리 떠나게 하시니 내가 복을 내어버렸음이여 스스로 이르기를 나의 힘과 여호와께 대한 내 소망이 끊어졌다 하였도다"17-18에서 절정에 이른다.

그러나 예레미야는 이어서 '그리 아니하실지라도' 고백을 한다. "이것을 내가 내 마음에 담아두었더니 그것이 오히려 나의 소망이 되었사옴은 여호와의 인자와 긍휼이 무궁하시므로 우리가 진멸되지 아니함이니이다 이것들이 아침마다 새로우니 주의 성실하심이 크시도소이다"21-23. 오브리는 이렇게 해석한다. "예레미야의 '그렇지만'은 하나님의 변치 않는 사랑에서 발견된다. '이 고난이 결코 끝나지 않는다 해도 나는 언제나 하나님을 예배하겠습니다'"[4]라는 고백이다.

젠 폴록 미첼은 애가를 이렇게 설명한다. "하나님께 불평하는 것은 단순히 감정을 분출하거나, 견디는 것이나, 고난을 겪으면 행복으로 돌아갈 수 있다는 것이 아니다. 애가는 일상으로 돌아가는 길이 아니라 믿음의 길로 가는 과정이다."[5]

당신은 있는 그대로 말해도 된다. 낙심, 혼란, 분노의 감정을 표현하라. 충족되지 않은 조건들을 명확히 하고 내려놓으라. 지배적인 기대들을 토로하라. 후회를 하나님께 고백하라. '…했더라면' 시나리오에 사로잡힌 기억들을 풀어놓으라. '…하면 어쩌지' 식의 신경질적인 계획들을 드러내라.

이는 감정을 정당화하는 게 아니다. 말로 표현한다고 해서 감정이 더 진실해지는 것도 아니다. 오히려 감정을 하나님께 가져가면서 그 감정이 당신을 지배하는 힘을 내려놓는 것이다. 당신은 상황과 감정에도 불구하고 하나님을 예배하기로 결심하는 것이기 때문이다.

더 이상 좌절, 슬픔, 실망을 숨길 필요가 없다. 상황을 미화할 필요도 없고, 고통을 최소화하려 설명할 필요도 없다.

어려운 때에 하나님을 예배하는 진정한 힘은 하나님이 당신의 낙담한 마음을 다루신다는 데서 나온다. 고백할 때마다 하나님 은혜가 구체적으로 임함을 알게 된다. 하나님은 당신 이야기의 세세한 부분에서 만나주신다. 실제 두려움을 잠재우고 진짜 슬픔을 위로하신다. 하나님의 도우심은 당신의 삶이 펼쳐지는 바로 그 순간마다 실시간으로 찾아온다. 욕구와 필요를 솔직히 말할 때 하나님의 은혜를 경험함으로써, 당신은 진정으로 하나님을 예배할 자유를 누리게 될 것이다.

9장

두려움 너머로
나아가는 모험

나는 계단 꼭대기에 서서 믿기 힘든 광경을 마주했다. 갑자기 나타난 듯한 깊은 협곡이 눈앞에 펼쳐졌고, 난간에 기대어 떨리는 마음으로 내려다보았다. 협곡 바닥에는 고대 수영장의 흔적이 보였는데, 무성한 풀 사이로 돌벽 잔해가 드러나 있었다. 이것이 바로 예수께서 병자를 고치셨던 베데스다 못요 5:2-9의 유적지라는 사실이 놀라웠다.

더욱 놀라운 것은 내가 서 있는 위치였다. 예수님 시대의 지표면보다 120미터나 높은 곳이었다. 나흘 동안 예루살렘 구시가지를 걸으면서도 현재의 지면이 예수님 시대보다 훨씬 높다는 사실을 전혀 인지하지 못했던 것이다.

현대 예루살렘은 마치 여러 층으로 된 케이크처럼, 각기 다른 정복 시대의 돌무더기 층 위에 자리 잡고 있었다. 건물들은 파괴

된 잔해 위에 지어졌고, 다시 무너지면 새로운 정착민들이 그 위에 새로운 건물을 세웠다. 이 광경은 예루살렘의 폭력적이고 복잡한 역사를 생생하게 보여주었다.

예루살렘은 항상 이스라엘 땅에서 벌어지는 갈등의 중심이었다. 이 작고 길쭉한 땅은 아프리카와 아시아, 유럽을 연결하는 중요한 위치에 있어 많은 제국이 이곳을 차지하려 했다. 이 통로를 장악하는 자가 중요한 무역로와 군사로를 통제할 수 있었기 때문이다.

하나님이 아브라함을 선택하고 그의 자손에게 이 땅을 약속하신 것창 12:7은 신비로운 계획이었다. 이들을 통해 모든 민족에게 복을 주시겠다는 약속이었지만, 그 이후의 역사는 끊임없는 갈등과 역경의 연속이었다. 블레셋, 앗수르, 애굽, 바벨론, 바사, 헬라, 로마 등 고대부터 현재까지 이 땅의 안전은 끊임없이 위협받아 왔다.

왜 하나님은 역사상 가장 치열한 경쟁의 땅에 자기 백성을 정착시키겠다고 약속하셨을까? 더 안전한 곳은 많았다. 몬태나의 드넓은 하늘, 프랑스 리비에라의 아름다움, 산으로 둘러싸인 반도인 한국, 하와이, 동남아시아, 태평양 북서 지역 등 수많은 선택지가 있었다. 하나님의 백성을 위해 아름답고 안전한 장소를 얼마든지 찾을 수 있으셨을 것이다.

하나님은 우리처럼 안전을 최우선으로 여기지 않으시는 것 같다. 오히려 의도적으로 자신의 백성을 세계 강대국들의 교차로에 두시면서, 그 가운데서 그들의 하나님이 되겠다고 약속하셨다. 어떤 적이 오더라도, 백성이 언약 안에 머무는 한 공급과 보호를 약속하셨다. 그러나 위험으로부터 완전히 격리시키지는 않으셨다.

이를 통해 우리는 하나님의 성품을 엿볼 수 있다. 안전과 보호는 다르다. 하나님은 안전을 보장하지 않으면서도 보호를 약속하신다. 아이를 키우면서 우리도 이 차이를 경험했다. 우리는 아이들을 해로운 것들과 악의적인 의도로부터 보호하고자 했다. 인종차별의 문제를 가르치고, 그것을 경험하거나 목격했을 때 어떻게 대처해야 하는지 설명했다. 인터넷의 위험을 반복해서 경고하고, 아이들이 어디를 가고 누구와 함께 있는지 주의 깊게 살폈다. 이는 깨어진 세상에서 갖춰야 하는 현실적인 대응이었다.

하지만 이는 아이들의 안전을 완전히 보장하는 것과는 다른 문제다. 우리는 그들의 안전을 온전히 책임질 수 없을 뿐만 아니라, 그렇게 하는 것이 반드시 바람직하지도 않다. 우리의 역할은 세상의 모든 어려움으로부터 아이들을 격리시키는 것이 아니다. 어려움에 직면했을 때 보호하려 노력하지만, 그 어려움 자체를 완전히 제거할 수는 없다. 대신 아이들이 세상에 축복이 되는 데 필요한 지혜와 용기를 갖추기를 바란다. 보호는 위험 속에서 해를 최소화하는 것이 목표지만, 안전은 위험 자체를 완전히 제거하려는 것이다.

하나님은 보호자이시다. 성경은 하나님을 피난처시 46:1와 견고한 망대잠 18:10로 묘사한다. 옛 찬송가는 그분을 강한 요새라고 노래한다.[1] 그러나 하나님의 선하심이 그분이 유약하다는 뜻이 아닌 것처럼, 하나님의 보호하심이 모든 고난의 가능성을 제거한다는 뜻은 아니다. 하나님을 따르는 것은 위험을 감수하는 것이기도 하다.

'그리 아니하실지라도' 삶의 특징은 어떤 상황에서도 하나님의 선하심을 믿고 그분을 예배하기로 결심함으로써 기꺼이 위험을 감수하는 것이다. 이 선언은 우리가 있는 그대로 말할 자유를 주는 것처럼, 결과가 불확실한 상황에서도 순종의 발걸음을 내딛도록 자유를 준다.

'그리 아니하실지라도' 사람들은 성공과 안전이 반드시 축복의 표시는 아님을 안다. 그들은 하나님의 지속적인 선하심을 믿는다. 어떤 일이 일어나도 하나님을 예배하기로 결심했기에, 그분을 위해 큰일을 감행한다. 하나님의 보호를 믿으면서 순종한다. 당신도 이러한 삶을 살 준비가 되어 있는가?

하나님을 신뢰해도 실패할 수 있다

사람마다 모험을 감수하는 정도가 다르다. 팬데믹을 겪으며 이러한 차이를 더 잘 볼 수 있었다. 어떤 친구들은 기회가 생기면 바로 모이고 싶어 했고, 인간관계를 위해 기꺼이 위험을 감수했다. 반면 다른 이들은 2단계나 3단계까지 기다리고 싶어 했다. 차 안에서도 마스크를 쓰는 사람이 있는가 하면, 좋아하는 식당에 가장 먼저 예약을 하는 이들도 있었다.

어떤 사람들은 계획 없이도 잘 살아가며, 문제가 생겨도 유연하게 대처하고 상황에 맞춰 계획을 수정해 나간다. 그들의 삶의 모토는 "일단 해보고 생각하자"이며, 그렇게 해도 꽤 성실하게 살아간다. 처음에는 그들의 즉흥성과 유연성이 이상해 보일 수 있지만, 솔직히 말해 그들이 가진 자유로움은 우리가 은근히 부러워하는 부분이기도 하다. 그들은 우리가 상상하지 못한 방식으로 사는 법이 있다고 도전한다.

시간이 지나면서 나는 모험을 감수하는 성향이 강하다는 것을 깨달았다. 나는 결정을 내리는 데 있어 모든 정보를 다 알아야 한다고 여기지 않으며, 모든 세부사항을 완벽하게 실행해야 한다고 생각하지도 않는다. 불확실한 부분이 있어도 괜찮고 유연성을 중요하게 여긴다. 이런 성향 때문에 모험을 꺼리는 사람들을 이해하고 배려하는 법을 배워야 했다.

이렇게 말하는 이유는, 모험을 감행하는 것이 쉽지 않은 분들에게 내 말이 거만하게 느껴지지 않기를 바라는 마음에서다. 다만 '그리 아니하실지라도' 선언이 어떻게 당신을 자유롭게 하여 모험을 감수할 수 있게 하는지 격려하고 싶다.

나는 "돌다리도 두들겨 보지 말고 건너라"는 식의 맹목적인 믿음을 주장하는 것이 아니다. 하지만 현실적으로 우리는 다음 단계를 밟을 때 모든 세부사항을 알 수 없다. 아무리 많은 정보와 믿음이 있어도 성공을 완전히 보장할 수는 없다.

존 파이퍼는 '모험'을 "손실이나 부상의 가능성에 자신을 노출시키는 행위"이라고 정의했다.[2] 나는 여기에 실패나 낙심의 가능성을 더하고 싶다. 모험에는 육체적 결과뿐만 아니라 정서적, 사회적, 직업적 위험도 포함될 수 있다. 자세히 보면 위험은 어디에나 있다.

자녀를 학교에 보내거나, 차를 타거나, 자신의 감정이나 아이디어를 나눌 때도 우리는 모험을 감수한다. 심지어 온라인 쇼핑이나 식당에서 음식을 주문할 때도 마찬가지다.

우리 아이들은 항상 모험을 즐기며, 때로는 엄마를 불안하게 할 정도로 대담하다. 난간을 따라 걷는 것만으로는 성이 차지 않는다. 난간 꼭대기에 올라가 균형을 잡는 것이 의무인 것처럼 행동한다. 미끄러운 바닥을 알리는 노란 고깔콘을 보면, 넘어지기 직전까지 얼마나 멀리 갈 수 있는지 시험해본다. 그들에게 모험은 하나의 생활방식이다.

아이들의 무모한 모험을 지켜보면서, 나는 모든 모험이 같지 않다는 점을 깨닫게 된다. 불의에 맞서 직업적 평판을 위험에 빠뜨리는 것과 소셜 미디어에 어리석은 게시물을 올려 평판을 해치는 것은 분명 다르다. 어떤 모험은 옳고, 어떤 모험은 도덕적으로 잘못되었다.

카렌 스왈로우 프라이어는 모험을 목적(텔로스)에 따라 구분했다. "모험이 어떤 선한 의도 없이 단순히 성향에서 비롯된다면 그것은 덕이 되지 않는다."[3] 덕스러운 모험은 충동적이기보다는 신중하게 계산된 것이다. 이는 잠재적 이익을 평가하고, 실패나 손실의 가능성을 감수하기로 결정하는 과정을 포함한다. 그 목적이 가치 있기 때문이다.

성경의 많은 영웅은 하나님께 순종하기 위해 모험을 감행했다.* 에스더 왕비는 그 좋은 예다. 포로 시기에 에스더는 하만의 악한 계획으로부터 자기 민족을 구하기 위해 목숨을 걸었다.

하만은 바사 왕에게 유대인 포로들이 위험하다고 설득했고, 왕은 자신의 왕비가 유대인인 줄도 모른 채 유대인 학살 명령에 서명했다. 이 계획을 알게 된 에스더의 사촌 모르드개는 에스더에게 그녀의 지위를 이용해 왕의 명령을 철회하도록 요청했다. 하지만 바사의 관습상 초대 없이 왕에게 나아가는 것은 목숨을 거는 일이었다.

에스더는 자기 민족을 구하는 일의 가치를 저울질하고, 하나님께 의탁하며 모험을 감행했다. 우리는 결과를 알기에 실패 가능성을 간과하기 쉽다. 하지만 왕은 에스더를 쫓아낼 수도 있었다. 실제로 이 이야기는 이전 왕비 와스디가 불순종으로 쫓겨나는 것으로 시작한다.

---

* 존 파이퍼는 *Risk Is Right: Better to Lose Your Life Than to Waste It* (Wheaton, IL: Crossway, 2013), 23-26에서 구약에 나온 몇 개의 이야기를 요약하며 이러한 모험의 예를 보여준다.

에스더는 모든 것을 걸었다. 이는 무모함이 아닌 용기였다. 그녀는 계획을 세웠고, 3일간의 금식 후 "죽으면 죽으리이다"는 각오로 왕에게 나아갔다. "당신은 가서 수산에 있는 유다인을 다 모으고 나를 위하여 금식하되 밤낮 삼 일을 먹지도 말고 마시지도 마소서 나도 나의 시녀와 더불어 이렇게 금식한 후에 규례를 어기고 왕에게 나아가리니 죽으면 죽으리이다"에 4:16. 실제 그 말을 사용하지는 않았지만, 이는 '그리 아니하실지라도' 선언과 같다. "내가 죽더라도, 하나님을 신뢰하며 해야 할 일을 하겠다"라는 뜻이다. 에스더의 모험적 신앙은 그녀의 민족을 구원했다.

당신이 의도적으로 혹은 우연히 감행했던 모험들을 기억하는가? 관련된 사람들, 상황, 결심의 순간 속이 울렁거리던 것과 사후에 이러쿵저러쿵하던 비판들이 떠오를 것이다. 혹은 누군가가 당신을 위해 모험을 감행한 때를 기억할 수도 있을 것이다.

우리 삶에서 본질적 의미를 규정하는 결정적 순간들은 우리가 감행하거나 감행하지 않기로 하는 모험들과 밀접하게 연관되어 있다. 칩과 댄 히스는 그들의 저서에서 모험의 중요성에 대해 언급했다.[4] 그들은 성장을 위해서는 어떤 형태로든 모험이 필요하다는 점을 강조하며 이렇게 말했다. "거기를 떠나라! 뭔가 다른 것을 시도하라! 새로운 사람이 되라! 모험을 하라! 이는 일반적으로 건전한 조언이며, 특히 곤경에 처한 이들에게 더욱 그러하다."[5]

그러나 이어서 주의를 당부했다. "이런 조언은 종종 모험이 성공을 보장하는 것처럼 들린다. 하지만 현실은 그렇지 않다. 모험은 말 그대로 모험일 뿐이다. 모든 모험이 성공으로 귀결된다면, 그것은 더 이상 모험이라 할 수 없다."[6]

"당신은 세상을 바꿀 수 있다!"와 같은 낙관적인 동기 부여 문구가 유행하는 오늘날, 우리는 이러한 경고에 주목할 필요가 있다. 모험할 때는 항상 실패 가능성을 인정해야 한다. 실제로 역사를 자세히 들여다보면, 완벽한 성공을 거둔 모험보다는 실패하거나 기대에 미치지 못한 이야기가 훨씬 더 많다.

하나님을 신뢰하는 것이 결과를 보장한다고 여기며 실패 가능성을 무시하는 경우가 많다. '하나님이 함께하시면 성공할 것'이라 안심하고, 자신의 죄가 아니라면 실패할 일이 없다는 승리주의적 신앙에 빠져드는 것이다. 그러나 예수의 이름으로 진지하게 시도한 일이 뚜렷한 죄 없이 실패하면 당혹스럽고 실망한다.

우리는 이 불완전한 세상을 살아가며 하나님을 따르는 여정을 걷는 동안, 실패와 상실을 자연스럽게 겪게 된다는 사실을 금방 깨닫게 된다. 우리는 예상보다 더 자주 실패한다.

이는 불편한 진실이다. 그래서 우리는 모험을 권하면서 성공 시의 이점만을 강조한다. "많은 사람에게 도움이 될 거야", "놀랍게 성장할 거야." 이러한 격려의 말들은 대개 성공이 반드시 필요하다는 전제에 바탕을 두고 있다. 하지만 역설적으로 이런 태도가 오히려 모험을 주저하게 만드는 원인이 될 수 있다.

안전한 삶, 그 이상으로 부르시는 하나님

우리 가족은 픽사Pixar 영화를 즐겨 본다. 이 영화들은 수상 경력과 문화적 영향력 그리고 멋진 캐릭터 상품으로 애니메이션에 대한 우리의 기대 수준을 높여주었다. 풍성한 스토리라인은 어른과 아이 모두에게 감동을 준다. 하지만 사람들은 실제 제작 전 스토리 개발에 들어가는 노력에 대해서는 잘 모른다.

픽사와 디즈니 애니메이션 스튜디오의 전 사장 에드 캐트멀Ed Catmull은 그의 책《창의성을 지휘하라》에서 픽사의 대표작들이 만들어지는 과정과 그 과정에서 겪은 어려움들을 소개했다.[7] 그러나 그들의 성공은 새로운 문제를 낳았다.

연이은 대성공으로 인해 다음 영화도 반드시 성공해야 한다는 압박감이 커졌다. 누구도 픽사의 첫 실패작의 담당자가 되고 싶어 하지 않았다. 캐트멀은 완벽을 추구하는 태도가 창의성을 가로막는 공포심을 불러일으킨다는 사실을 깨달았다. 실망을 피하려는 마음에서 창의적 작업에 필수적인 모험을 회피하게 된 것이다. 성공 문화는 새로운 아이디어와 관점 공유를 막았고, 실패에 대한 두려움은 창의적 과정을 위협했다.

이에 캐트멀은 새로운 접근법을 제안했다. 가능한 한 빨리 실패해보라는 것이다. 새 아이디어를 시도하고, 실패에서 배우고, 앞으로 나아가라. 즉, 모험하라는 것이다. 캐트멀은 이렇게 조언한다. "모든 것을 미리 계획하려 하거나, 실패를 피하기 위해 지나치게 신중한 계획에 의존한다면 자기기만에 빠지는 것이다."[8] 아무리 꼼꼼하게 계획을 세워도 성공은 보장되지 않는다. 아름다운 것을 창조하려면 실패의 위험을 감수해야 한다.

개인적으로도 성공에 대한 압박은 비슷한 결과를 낳을 수 있다. 특히 정체성이 성취에 기반할 때 더욱 그렇다. 인정받기 위해 성공해야 하고, 그 결과로 가치 있는 존재로 여겨진다. 결국 자신의 정체성은 행동과 그 성과에 의해 결정된다.●

이로 인해 우리는 종종 중요한 사람들의 인정을 통해 자기가 잘하고 있는지 확인받고자 한다. 부모, 코치, 친구, 고용주, 목회자, 배우자 등의 긍정적 반응은 우리를 기쁘게 하고, 부정적 반응은 자존감을 떨어뜨린다.

이런 삶은 매우 피곤하다. 사람들이 우리의 성취를 기억하는 한에서만 인정받기 때문에 끊임없이 성취를 향해 달려가는 것이다. 실패는 용납될 수 없다. 거기에 우리의 정체성 자체가 걸려 있기 때문이다.

나는 잠재력을 최대한 발휘하라는 압박감에 평생 시달렸다. 어릴 적 많은 사람이 "하나님은 너를 위대하게 사용하실 거야"라고 말했다. "하나님이 너에게 은사를 주셨어. 많은 사람에게 복이 될 거야"라는 격려도 들었다. 그들은 나를 잘 모르면서도 내 노력

● 프랭크 레이크(Frank Lake)는 사람들의 이런 경향에 대해 연구했다. 그는 그것을 "역동적 순환"이라고 불렀다.

이나 능력의 결과만을 보고 이런 말을 했다.

각각의 격려는 어린 내 어깨에 기대라는 벽돌로 점점 쌓였고, 내 잠재력에 대한 정교한 기념비처럼 되어갔다. 나는 하나님도 내 인생에 대해 이런 기대를 갖고 계신다고 믿기 시작했다. 잠재력을 실현하지 못하면 하나님께서 크게 실망하신다고 생각했다. 무의식중에 나에게 하나님을 섬길 자격을 갖추게 해준 복음을 외면하고 있던 셈이다. 은혜가 아닌 "상승" 잠재력 때문에 구원받았다고 믿기 시작했고, 내 삶이 처음에 받았던 과한 기대에 얼마나 부응했는지로 평가받게 될 거라고 여겼다.

이런 압박감 속에서 나는 성공에 집착하고 실패를 극도로 두려워하며 살았다. 프로 스포츠 1순위 지명자들처럼 기대에 부응하지 못하면 어쩌나, 하나님 나라에서 내 자리를 잃으면 어쩌나 걱정했다. 정체성이 잠재력 실현에 달려 있다고 여겼기에, 그것을 위해 모든 노력을 다했다. 여기엔 모험을 피하는 것도 포함됐다. 실패 가능성이 보이면 상황 개선 여부를 빠르게 판단하고, 불가능해 보이면 그 프로젝트나 관계에서 즉시 손을 뗐다. 이는 어려움이 생길 때마다 사람들을 포기하는 불행한 삶으로 이어졌다. 이력 관리에 능숙한 나는 겉으로는 성공한 삶처럼 보였다.

주변에서도 성공 욕구로 인한 비슷한 결과를 봤다. 친구 제임스는 신학적 통찰력으로 많은 이에게 축복이었지만, 항상 무언가를 시작하는 데 실패했다. 그는 안정된 직업을 갖지 못했고, 대학도 마치지 않았으며 복학할 생각도 없었다. "언젠가는"이 그의 인생 모토였다. 그런 관계는 나를 좌절시켰다. 제임스에게는 엄청난 잠재력이 있었지만, 겉보기에는 성장 의지가 없어 보였다.

밤늦은 진솔한 대화를 통해 나는 제임스가 보인 무기력의 원인을 이해하게 됐다. 그는 비아냥과 비난이 일상이었던 가정에서 자랐다. 늘 형제자매들과 비교당했고, 거의 매일 저녁 식사 때마다 "넌 아무것도 되지 못할 거야"라는 말을 들었다. 냉소적인 비하는 식사의 반찬 같았다.

제임스는 가족의 예언이 틀렸음을 증명하고 싶어 했다. 그러나 역설적으로 그의 대응 방식이 오히려 그 예언을 실현시켰다. 자신의 삶을 의미 있게 만들고자 하는 욕구가 너무 강해 실패를 극도로 두려워하게 된 것이다. 결국 가장 안전한 길을 택했다. 바로 아무것도 하지 않는 것.

잊을 수 없는 진솔한 순간, 제임스는 후회와 두려움이 섞인 고백을 했다. "난 지금까지 아무것도 하지 않았어. 시도하지 않으면 실패하지 않을 테니까." 그의 야망 부족은 사실 실패에 대한 위장된 두려움이었다.

이것이 하나님이, 혹은 당신 자신이 원하는 삶일까? 성공에 집착한 나머지 아무것도 시도하지 않는 삶? 실패 공포에 지배된 삶? 모험을 피하려 할 때 우리는 바로 이런 삶을 선택하는 것이다. 성공을 보장하는 유일한 방법은 아무것도 시도하지 않는 것이지만, 이는 어떤 실패보다도 더 큰 비극이다.

모험을 피하는 것은 단기적으로는 이롭게 보일 수 있지만, 장

기적으로는 우리를 쇠약하게 만든다. 제임스처럼, 우리는 안전하지만 꼼짝 못 하는 상태가 될 수 있다. 성공과 실패를 통제하려다 하나님의 부르심을 거부할 수 있다. 모험은 두렵지만, 모험하지 않는 것도 마찬가지다.

하나님은 우리를 안전한 삶 이상으로 부르신다. 순종의 발걸음을 내딛도록 부르시며, 이는 항상 모험을 수반한다. 우리는 그 결과를 완전히 알 수 없다. 마크 배터슨의 말처럼, "삶의 목적이 안전하게 죽는 것인 양 살지 말라. … 하나님 크기의 목표를 세우고, 그분이 주신 열정을 좇으라. 신적 개입 없이는 실패할 그런 꿈을 추구하라. … 과감히 실패하라."[9]

이것이 바로 '그리 아니하실지라도' 삶이 아닐까? 성공하든 실패하든, 풍요로운 골짜기에 있든 맹렬한 불 속에 있든, 나는 하나님을 예배하고 그분의 선하심을 신뢰할 것이다. 즉, 안전하지 않은 곳에서도 실패하지 않는 보호를 약속하는 선하심을 의뢰하겠다.

모험 없이는 믿음도 없다

'그리 아니하실지라도' 선언은 우리를 성공에 대한 압박에서 해방시킨다. 우리의 정체성이 성취에 있지 않고 그리스도 안에서 하나님이 선포하신 우리의 존재에 있다는 좋은 소식을 기억나게 한다. 우리는 하나님의 사랑받는 자들이며, 그분은 우리의 잠재력을 실현하실 것이나. "너희 안에서 착한 일을 시작하신 이가 그리스도 예수의 날까지 이루실"빌 1:6 것이다.

이는 성공이 보장된 미래를 위해 노력하는 대신, 실패하더라도 우리의 궁극적 미래를 보장하신 분을 의지한다는 뜻이다. 우리 삶이 타인의 기대에 미치지 못하더라도, 우리에게 생명을 주신 하나님을 여전히 예배하겠다고 감사하며 겸손히 선언할 때 자유를 얻는다. 우리는 하나님이 우리를 구원하신 이유가 잠재력 때문이 아니라 그분의 크신 사랑 덕분임을 잘 알고 있다.

이 진리 안에서 살아가기 시작하면 놀라운 일들이 벌어진다. 다른 사람들의 기대에 짓눌리기보다는, 그 기대를 선하신 하나님을 떠올리게 하는 계기로 삼는다. 하나님은 우리에게 그분을 신뢰하기만을 바라신다. 두려움에 사로잡혀 뭘 하든 소극적으로 대응하는 대신, 우리는 세상에서 힘든 일들을 적극적으로 시도하게 된다. 잃을 것이 없기 때문이다. 성공하든 실패하든, 우리는 하나님의 사랑받는 자들이다.

전력을 다하되 삶과 죽음을 걸지 않는 것, 이것이야말로 진정한 자유다. 이는 세상을 가장 잘 활용하는 방식이며, 모험적인 혁신과 고정관념을 깨는 사고방식이다. 정체성이 계획의 성패에 좌우되지 않기에, 우리는 하나님이 끊임없이 공급하시는 은혜를 목격하며 기쁨을 누린다. 심지어 그 공급이 실패나 역경을 통해 올지라도 마찬가지다.

'그리 아니하실지라도' 삶은 실패 가능성을 인정하면서도 행동으로 옮기는 모험을 받아들인다. 상황이 어떻게 되든, 우리는 그것 때문이 아니라 그 안에서 그리고 그것을 통해 하나님을 예배하기로 결심한다. 하나님이 우리 편이심을 알기에 실패를 두려워하지 않고, 오히려 하나님을 알고 그의 선하심을 경험할 기회로 본다. 저스틴 얼리는 이렇게 말했다. "실패는 성품 형성의 원수가 아니라, 오히려 전례 의식이다. 실패를 다루는 방식은 우리가 진정 누구라고 믿는지, 하나님을 어떤 분으로 믿는지를 보여준다. 실패할 때, 우리는 자신에게로 넘어지는가, 아니면 은혜 쪽으로 넘어지는가?"[10]

하지만 '그리 아니하실지라도' 삶이 무모한 행동에 대한 변명이 되어서는 안 된다. 이는 우리 삶을 드리기에 합당하신 하나님에 대한 믿음에서 나오는 순종이 되어야 옳다. 숙명론적 태도가 아닌, 계획적인 모험을 감행하는 것이다.

이는 어리석은 믿음이 아닌 성숙한 믿음의 열매다. 필립 얀시는 이런 믿음을 이렇게 설명했다.

모험 없이는 믿음도 없다. … 믿음은 지적 퍼즐이 아니다. 성경적 믿음은 끝이 보이지 않고 다음 걸음도 불확실한 상태에서 새 길을 개척하는 것이다. 보이지 않는 인도자인 하나님을 따르고, 신뢰하고, 의지하는 것이다. … 믿음은 이성이 용감해지는 것이다. 이성의 반대가 아니라 그 이상의, 이성만으로는 충족되지

않는 무언가다. 빛의 영역을 넘어서려면 항상 한 걸음 더 나아가야 한다.[11]

얀시는 우리가 볼 수 있는 것 너머, 수평선 너머에도 항상 길이 있음을 상기시킨다. 이는 두려울 수 있다. 타이밍이 좋지 않을 수 있고, 앞으로도 완벽한 타이밍은 없을 것이다. 이론적으로는 다른 누군가가 그 일을 대신 할 수 있을지 모른다. 하지만 온갖 논리적 이유가 있어도 모험을 포기하지 말라. 당신만의 이야기에서 그 모험은 결정적 순간이 될 수 있다. 당신만의 '그리 아니하실지라도' 선언의 일부가 될 순간이다.

하나님의 선하심 덕분에, 그분은 우리의 모험을 통해서도 큰일을 하실 것이다. 하나님이 우리 안에 개발하고자 하는 성품, 우리를 통해 이루고자 하는 세상의 선 등을 이루신다. 우리는 그분께 영광 돌리기 위해 최선을 다해야 마땅하며, 결과가 우리의 의도와 다르게 나오더라도 여전히 그분을 예배할 것이다.

만약 모험을 회피한다면 어떨까? 실패를 방지하고 신중을 기하며 자신을 겹겹이 보호한다면? 해로부터는 벗어날 수 있겠지만, 도움도 받지 못할 것이다. 하나님이 하실 수 있었던 일을 놓치게 될 것이다. 그렇게 되면 C. S. 루이스의 《스크루테이프의 편지》에 나오는 고백처럼 될 것이다. "이제 나는 내 인생 대부분에서 해야 할 일도 하지 않고, 그렇다고 좋아하는 일도 못 하고 보냈다는 것을 안다."[12]

실패할 것을 알면서도 시도해볼 만한 것

이 장을 모험을 감행한 누군가의 성공 이야기로 마무리할 수도 있겠지만, 그렇게 하지 않겠다. 다른 이의 모험이 당신의 모험 이유가 될 수는 없기 때문이다. 또한, 모험을 서로 비교하는 것은 적절치 않다. 나에겐 모험인 것이 당신에겐 일상일 수 있다.

이런 차원에서 "실패할 수 없다면 무엇을 시도하겠느냐?"라는 질문은 우리의 열정과 목적을 찾는 데 도움이 된다. 하지만 나는 이보다 "실패할 것이 뻔히 보이는데도 무엇을 기꺼이 시도하겠느냐?"가 더 중요한 질문이라고 본다. 즉, 성공이 보장되지 않더라도 시도할 만큼 중요하고 가치 있는 것은 무엇인가? 이것이 진정한 열정의 정의다. 열정은 단순히 흥분되는 것이 아니라, 기꺼이 고난받을 만한 것이다.

이를 고려할 때, 당신은 무엇에 열정적인가? 하나님이 당신에게 해보라고 부르시는 모험은 무엇인가? 꼭 웅장하거나 화제성 있는 것일 필요는 없다. 삶에서 넘어진 후 다시 일어나는 것일 수도 있다. 그대로 누워 있으면 다시 넘어질 일도 없겠지만 하나님은 당신이 다시 일어나길 원하신다. 찰리 맥커시의 우화에서 말이 소년에게 한 것처럼, "때론 그저 일어나 계속 가는 것이 용감하고 대단한 일이야".[13]

다시 사랑하기로 하거나 진정한 관계에 자신을 여는 것이 당신이 시도한 모험일 수 있다. 아직 상처가 남아 있을지 모르지만,

다시 사랑하는 것이 우리의 가장 큰 모험이 될 수 있다.

또는 예수의 이름으로 그의 선하심을 보여주는 일을 시도하는 것일 수 있다. 개선이 필요한 상황에 대해 선한 문제의식을 갖게 하셨을 수 있다. 아이를 키우거나 입양하는 것, 새 일을 시작하는 것, 불의와 싸우는 것, 누군가를 섬기는 것, 성경공부를 인도하는 것, 이웃을 초대해 커피를 마시는 것, 화해를 추구하는 것 등이 그런 예다.

우리 각자의 내면에는 삶을 통해 성취하고자 하는 잠재적 비전이 자리하고 있다. 하나님이 그분의 영광을 위해 당신 안에 그런 꿈을 두셨기 때문이다. 하지만 많은 이들이 이 꿈을 묵혀둔다. 너무 두렵거나, 부적절하다고 느끼거나, 심지어 가치가 없다고 여기기 때문이다. 이제 하나님이 주신 자유로 뛰어들어 이런 생각들을 떨쳐낼 때다. 그 꿈들을 말해보고, 모험할 때라고 믿으라. 시작점을 확신하지 못할 수 있지만, 하나님의 선하심에 대한 확신과 그분을 예배하려는 결심이 더 이상 핑계하지 않게 할 것이다.

하나님이 당신 삶의 '그리 아니하실지라도' 이야기를 계속 써 나가실 때, 그 차이는 큰 성공에서 오지 않음을 기억하라. 그것은 믿음 충만한 모험들과, 실패나 상실 중에도 하나님이 원하신다고 믿고 내딛는 구체적인 다음 발걸음에서 올 것이다.

10장

믿음으로 걷는 길만
당신의 것이다

처음으로 여러 날 걸리는 배낭여행을 했을 때 일이다. 1년간의
집중 제자도 과정을 마친 대학 친구들과 나에게, 우리의 멘토 목
사님은 워싱턴주 마운트 레이니어 광야로 5일간의 여행을 제안
했다. 등산용품점에서 장비를 빌리고, 행동 수칙을 공부한 후, 친
구들 네 명과 함께 출발했다. 어릴 적부터 캠핑을 즐겨왔기에 '할
수 있겠지'라고 생각했다.

하지만 우리는 완전히 지쳐버렸다. 64킬로미터 산행이 얼마나
힘든지 아무도 몰랐다. 빌린 배낭은 내 등과 엉덩이를 고통스럽
게 했다. 내 키에 맞게 길이를 조절해야 한다는 걸 아무도 알려주
지 않았다. 어떤 지역은 모기 떼를 위한 뷔페 같았다.

풍경은 우리 기분처럼 변화무쌍했다. 우거진 블루베리 덤불을
칼로 헤치고 가기도 하고, 녹아내리는 눈밭을 조심스레 건너기도

했다. 때로는 서로 팔짱을 끼고 하나님을 찬양했고, 때로는 말할 힘조차 없는 순간도 있었다.

마지막 날의 여정은 이전의 모든 여정을 산책 수준으로 만들어버렸다. 우리는 9킬로미터에 달하는 가파른 오르막길을 올라야 했다. 피로와 좌절감에 지친 채, 가시덤불을 헤치며 마지막 등반을 준비했다. 산의 마지막 고별 선물처럼 짙은 구름이 우리를 덮쳤다. 구불구불한 오르막에서는, 마치 누군가가 '이 땀으로 범벅이 된 여행자들을 식혀주자'라고 생각한 것처럼 느껴졌다.

앞길이 보이지 않았다. 짙은 안개 때문이기도 했지만, 몸이 심하게 떨려 집중할 수 없었기 때문이다. 정말 산에서 죽을 것만 같았다. 등반을 마칠 체력도, 의지도 남아 있지 않았다.

일행 중 몇 명이 부상으로 한계에 다다르자, 우리는 함께 하이킹을 끝내기 위해 전열을 재정비했다. 서로를 격려하며 우리가 세운 전략은 간단했다. "그저 다음 발걸음을 내딛기만 하고, 남은 거리를 보지 말자. 그저 발밑만 봐. 한 발씩 앞으로 나아가."

"그저 다음 발걸음만 내딛자." 이 단순한 격려는 이후 내가 겪은 수많은 모험의 원동력이 되었고, 나의 인생 원칙으로 자리 잡았다. 이것이 '그리 아니하실지라도' 삶을 위한 가장 중요한 조언이라고 믿는다. 다음 발걸음을 내딛는 것은 확신과 결심을 행동으로 옮기는 것이다. 이는 모험을 생각만 하는 데서 실행으로 나아가는 하나의 방법이며, '그리 아니하실지라도' 믿음을 실제 삶에서 실천하는 길이다.

당신의 여정에는 풍성한 초원뿐만 아니라 가파른 오르막과 위험한 내리막길도 포함되어 있을 것이다. 전체 여정과 그 결과를 생각하면 압도될 수 있다. 하지만 다음 걸음을 내딛는 데는 모든 것을 이해할 필요가 없다는 게 좋은 소식이다. 헨리 나우웬은 이렇게 말한다. "앞길 전체를 볼 순 없지만, 보통 다음 발걸음을 위한 빛은 충분하다."[1] 하나님의 부르심은 바로 그것이다.

믿음으로 걷는 길만 당신의 것이다

내 친구 제이슨은 탁월한 리더십 코치다. 그는 리더들에게 달리기를 예로 든다. 달리기 습관을 들이려면 첫걸음을 내딛어야 한다. 런닝화를 사고, 그걸 신어보라. 아직 달리진 않더라도 계속 신고 있어라. 준비되면 달리기를 시작하라.

처음엔 얼마나 멀리 달려야 할까? 장거리는 잊어라. 그저 첫 모퉁이까지만 달려라. 거기까지 갔다 오면 된다. 모퉁이 너머는 신경 쓰지 말고, 속도도 걱정하지 마라. 그냥 모퉁이까지 달려라. 다음 날엔 그 모퉁이를 돌아 다음 모퉁이까지 갔다 오면 된다. 보이는 곳까지만 달리면 된다.

나는 인생의 길이 어디로 이어질지, 어려운 구간을 어떻게 헤쳐 나갈지 두려워했다. '준비가 안 되어 있으면 어쩌지? 포기할 정도면 어쩌지? 혼자 남으면 어쩌지? 실패하면 어쩌지?' 이런 생각에 사로잡혀 대안을 찾다 생각이 마비되곤 했다. 그러면 하나님이 앞서가시길 기다리며 조건을 내걸었다. 신발을 신기도 전에 머릿속으로는 이미 모퉁이를 한참 지나 있었다.

미국 신화학자 조셉 캠벨은 이렇게 말했다. "길 전체가 보인다면, 그건 당신의 길이 아니다. 당신은 걸음마다 자신의 길을 만든다. 그래서 그것이 당신의 길이다."² 당신의 믿음의 여정은 미리 정해진 발자국이 아닌, 실제로 내딛는 걸음으로 만들어진다.

예를 들어, 화해가 필요한 깨어진 관계를 생각해보자. 과거의 상처를 되새기고 감정과 방어를 다루는 것은 꺼려지는 일이다. 많은 역사를 처리해야 하고, 그것이 실제로 도움이 될지, 가치가 있을지 확신하기 어렵다. 이 지점에서 대부분은 포기하거나 미룬다.

첫 모퉁이는 무엇일까? 화해를 생각하는 것 자체가 중요한 첫 걸음이다. 그다음은? 그 사람을 위해 기도하는 것은 어떨까? 화해가 아니라 그저 그의 안녕을 위해서. 그마저 힘들다면, 기도할 때 이름을 언급하는 것부터 시작해보자. 첫걸음은 다음 걸음으로 이어질 것이다. 다음 단계를 미리 계획할 필요 없이, 하나님이 보여주실 것이다. 당신은 이 일에서 하나님을 신뢰할 수 있다.

다음 단계가 예상과 다르거나 두려워하던 것일지라도, 당신은 어떤 상황에서도 하나님을 예배하기로 결심했다. 하나님의 선하심이 당신을 실망시키지 않았음을 기억하고, 다음 걸음을 위한 용기와 지혜를 주실 것을 믿는다. 이것이 마라톤을 뛰고 산을 오르는 방법이다. 그저 충분히 많은 '다음 걸음'을 내딛는 것이다.

다음 걸음은 새로운 가능성을 열어준다. 작은 행동 하나가 관점을 바꿀 수 있다. 한 걸음으로 현재 상황을 변화시키고, 전에 두려워하던 어려움들을 새롭게 볼 수 있게 된다. 이전에 보지 못했던 것을 보고 느끼게 되어, 새로운 길을 발견할 수 있다.

'그리 아니하실지라도' 믿음으로 내딛는 걸음은 어떤 상황에서든 하나님의 임재를 경험하게 한다. 하나님은 불 속에서도 함께하신다고 약속하셨다. 당신은 현재 위치에서는 얻을 수 없는 새로운 은혜와 공급을 경험할 기회를 얻게 될 것이다. 이것만으로도 다음 걸음은 가치가 있다. 엘리자베스 엘리엇이 인용해 유명하게 된, 저자를 알 수 없는 시에서는 이렇게 말한다.

그리고 문 너머로 고요한 말씀이 울려 퍼지네
마치 낮은 영감처럼, "다음 일을 하라."

많은 질문, 많은 두려움, 많은 의심,
그 모든 것이 여기서 잠잠해지네
순간순간, 하늘에서 내려오는,
시간, 기회 그리고 인도하심이 주어지네
왕의 자녀여, 내일을 두려워 말라
예수님께 맡기고, 다음 일을 하라.

그것을 즉시 하라. 기도와 함께 하라.

의지하면서 하라 모든 염려를 던져버리라

경건함으로 하라 그분의 손길을 따라가며

진지한 명령으로 그대 앞에 그것을 두신 분

전능하신 분에게 머물러, 그분의 날개 아래 안전하니

모든 결과는 맡기고, 다음 일을 하라.

예수님을 바라보며, 언제나 더 고요히

일하거나 고난받을 때에도, 그것이 너의 태도 되게 하라

그분의 사랑스러운 임재 안에서, 그분의 평안한 안식 가운데

그분 얼굴의 빛이 너의 시가 되게 하라

그분의 신실하심 안에서 강건하여, 찬양하고 노래하라

그리고 그분이 너를 부르신다. 다음 일을 하라.[3]

다음 걸음을 내딛을 때, 당신은 혼자가 아님을 알게 될 것이다. '그리 아니하실지라도' 삶을 살기 위해 감사와 만족으로 뒷받침된 확신과 결심으로 모험을 감행할 때, 당신은 과거와 현재의 '그리 아니하실지라도' 영웅들의 대열에 합류하게 될 것이다.

믿음의 용사의 계보를 이어가다

특정 차종에 대해 이야기한 후 그 차가 갑자기 도처에서 눈에

띄는 경험을 해본 적이 있는가? 대화 주제에서도 비슷한 일이 일어난다. 특정 주제를 논한 후, 마치 주변 모든 곳에 그것이 존재하는 듯 느껴진다.

심리학자들은 이를 바더 마인호프 현상(Baader-Meinhof, 새로 알게 된 정보나 개념을 갑자기 여러 곳에서 자주 접하게 되는 것처럼 느껴지는 인지 편향을 말한다—편집주) 또는 빈도 환상frequency illusion이라고 부른다. 뇌가 어떤 것에 관심을 갖게 되면 그것을 더 자주 인지하게 된다. 관심이 생기면 전에는 눈에 띄지 않던 것들이 이제 어디서나 보인다. 항상 그곳에 있었지만, 이제야 인식하게 된 것이다. '그리 아니하실지라도' 선언을 하기 시작했으니, 성경 곳곳에서 이와 관련된 증인들을 발견하게 될 것이다. 그 문구가 직접 언급되지 않더라도 말이다. 당신의 여정이 아무리 힘들어 보여도, 당신은 혼자가 아니다.

히브리서 11장은 항상 나를 매료시켰다. 많은 학자는 이를 "믿음의 전당"이라고 부른다. 저자는 예수님에 대한 우리의 고백을 굳게 잡으라고 권하며, 다양한 영웅들이 어떻게 믿음으로 살았는지 보여준다. 그들은 "이로써 증거를 얻은" 사람들이었다.

목록에는 예상할 만한 인물들(노아, 아브라함, 이삭, 야곱, 요셉, 모세)과 더불어 의외의 인물들(아벨, 에녹, 사라, 라합, 기드온, 바락, 삼손, 입다, 사무엘, 선지자들)도 포함된다. 에녹이나 사사들은 보통 믿음의 본보기로 여겨지지 않지만, 이 목록에서는 아브라함과 모세와 나란히 언급된다.

이 목록의 선정 기준이 궁금하다. 프로 스포츠에서는 우승, MVP 상, 신기록, 긴 경력 등으로 명예의 전당에 오른다. 그렇다면 성경은 이 영웅들에게 어떤 기준을 적용했을까?

11장 말미에 저자는 이 영웅들에게서 믿음의 행위를 열거한다. 어떤 이들은 큰 능력을 발휘하며 전쟁에서 승리했다. 또 어떤 이들은 비범한 고난으로 목록에 올랐다. 죽임을 당하거나 집 없이 떠돌면서 살아간 이들도 있다.

이들은 영웅적이고 지속적인 믿음의 본을 보여주지만, 그것이 명예의 전당에 오른 근본적인 이유는 아니다. 그들의 자격은 장의 마지막에 나온다. "이 사람들은 다 믿음으로 말미암아 증거를 받았으나 약속된 것을 받지 못하였으니 이는 하나님이 우리를 위하여 더 좋은 것을 예비하셨은즉 우리가 아니면 그들로 온전함을 이루지 못하게 하려 하심이라"39-40.

주목할 점은 그들이 약속된 것을 '받지 못했다'는 것이다. 즉, 그들은 실망을 겪었다. 하나님의 약속은 그들 생전에 성취되지 않았다. 다시 말해, 그들은 '그리 아니하실지라도' 믿음을 살아내야 했다.

13절에서도 이런 자격을 볼 수 있다. "이 사람들은 다 믿음을 따라 죽었으며 약속을 받지 못하였으되 그것들을 멀리서 보고 환영하며 또 땅에서는 외국인과 나그네임을 증언하였으니." 이 믿음의 영웅들이 목록에 오른 것은 그들이 바라던 모든 것을 받았기 때문이 아니라, 오히려 받지 못했음에도 계속 믿음을 지켰기 때문이다.

인생은 그들의 기대대로 흐르지 않았다. 그들은 해방을 얻지 못했고, 원하던 '복'을 받지 못했다. 그들에게 남은 것은 "더 나은 본향, 곧 하늘에 있는 것"에 대한 약속뿐이었다. 그마저도 그들은 이 약속의 완전한 성취를 보지 못한 채 죽었다. 그럼에도 그들은 견뎠다. 그들은 우리가 지금 아는 계획―예수 그리스도의 희생을 통한 하나님의 영원한 약속의 성취―을 알지 못했다. 예수님의 '그리 아니하실지라도' 순종이 우리의 미래를 확보하고 하나님의 모든 약속을 이룰 것이라고는 상상하지 못했다.

히브리서 저자는 계속 말한다. "이러므로 우리에게 구름 같이 둘러싼 허다한 증인들이 있으니 모든 무거운 것과 얽매이기 쉬운 죄를 벗어버리고 인내로써 우리 앞에 당한 경주를 하며 믿음의 주요 또 온전하게 하시는 이인 예수를 바라보자"12:1-2.

여기에는 번역본에서는 찾아볼 수 없는 헬라어 원문상의 언어유희가 등장한다. 문자 그대로 하자면 저자는 이렇게 말했다. "구름 같이 '둘러싼' 허다한 증인들이 우리를 '에워싸고' 있으니… 인내로써 우리 앞에 놓인 경주를 하자." 그렇다. 증인들이 우리를 둘러싸고 있다. 우리 주변에는 약속된 상을 받지 못했음에도 인내로써 믿음을 굳게 잡은 신실한 영웅들의 증거가 널려 있다. 이는 마치 저자가 "수많은 '그리 아니하실지라도' 경주자들이 우리보다 앞서 달려왔고 지금도 우리를 에워싸고 있다. 그러니 너희 앞에 놓인 경주를 힘차게 달려가라"라고 말하는 것과 같다.

모든 사람에게는 고유한 장애물이 있는 경주가 있다. 우리 각자에게는 넘어지게 하는 특유의 짐과 죄가 있다. 우리를 부담스럽게 하고 마비시키는 '만약'들이 있다. 그래서 우리는 각자의 '그리 아니하실지라도' 삶을 살아야 한다. 그러나 이는 우리가 혼자 그렇게 살아야 한다는 뜻이 아니다. 우리의 독특함이 고립을 의미하지는 않는다.

히브리서 11장이 담고 있는 아름다운 약속의 의미는, 예상치 못한 삶의 굴곡을 겪는 삶이라도 믿음의 공동체에서 배제되지 않는다는 것이다. 역경과 실망은 우리 믿음의 부족함을 의미하지 않는다. 오히려 그 기준에 따라, 우리는 명예의 전당에 포함되어 인내하고 하나님을 예배하라고 권하는 '그리 아니하실지라도' 증인들에 둘러싸인다.

우리는 고난받고, 당황하고, 실망하지만, 여전히 소망을 품은 '그리 아니하실지라도' 영웅들, 불 속에서도 하나님을 예배하기로 한 영웅들의 계보를 이어갈 수 있다.

우리 주위의 증인들

주의 깊게 보면 현대의 '그리 아니하실지라도' 증인들도 볼 수 있다. 오랫동안 활동한 가수 토비맥은 아들을 약물 과다복용 사고로 잃는 비극을 겪었다. 나는 기독 운동선수회를 통해 토비맥이 젊은 운동선수들을 후원하는 한 청소년 캠프에서 그를 만났고, 주님과 사람들에 대한 그의 사랑을 보았다.

아들의 죽음 다음 날, 토비맥은 이렇게 썼다. "우리는 하나님이 복을 주시면 따르겠다는 거래 때문이 아니라 하나님을 사랑하기 때문에 따릅니다. 그것이 우리의 영광입니다. 그분은 언덕과 골짜기의 하나님이시며, 모든 것 위에 아름다우십니다."[4] '그리 아니하실지라도.'

나는 암으로 곧 세상을 떠날 '그리 아니하실지라도' 증인들과 함께 있었다. 그들은 마지막 숨으로 하나님을 예배했다. 또한 하나님 크기의 꿈을 나누며 순종의 다음 걸음을 위해 기도를 요청하는 '그리 아니하실지라도' 증인들도 만났다.

나는 흔들림 없는 열정과 목표를 품고 용감히 독신으로 사는 '그리 아니하실지라도' 증인들과 함께했다. 그들은 결혼을 원하면서도, 주를 섬기고 그분의 뜻에 따르겠다는 열린 자세를 보였다.

우리 교회의 '파이 아줌마' 엘리자베스는 내 소중한 친구다. 그녀가 만드는 천상의 애플파이는 진정한 영적 선물과도 같다. 엘리자베스 역시 '그리 아니하실지라도' 전사다. 독실한 몰몬교 가정에서 자란 그녀는 예수님을 따르기 위해 가족과 단절되는 아픔을 겪었다. "내가 세상에서 홀로 살아간다 할지라도, 나는 주님을 따를 것입니다."

엘리자베스가 결혼할 남자를 만났을 때, 부모는 대놓고 반대했다. 그녀는 부모 공경이 하나님의 뜻임을 알고 인내했다. 둘은 주님의 때를 기다리며 6년을 견뎠다. "우리가 영원히 독신으로 남게 되더라도, 우리는 주님을 예배할 것입니다."

그들은 간절히 가정을 원했다. 예상보다 오래 걸렸고, 첫 아이는 유산으로 잃었다. "우리가 자녀를 가질 수 없다 할지라도, 우리는 주님을 예배할 것입니다."

한 아들을 얻고 다시 유산을 겪은 후, 그들은 다섯 아이를 더 얻었다. 그리고 엘리자베스는 암 선고를 받았다. 이미 충분한 시련을 겪지 않았던가? 의사를 만날 때마다 믿음이 필요했다. 진단은 점점 나빠졌고, 화학요법은 그녀의 몸을 피폐하게 했다. "내가 생존하지 못한다 할지라도, 나는 주님을 예배할 것입니다."

엘리자베스는 암에서 회복된 후, 알츠하이머병으로 고통받는 어머니를 돌보게 되었다. 어머니가 그녀를 적대적인 타인처럼 대할 때도 있었지만, 엘리자베스는 끝까지 어머니 곁을 지켰다. "내 어머니가 나를 알아보지 못할지라도, 나는 주님을 예배할 것입니다."

엘리자베스는 눈물로 가득한 감사의 마음으로 자신의 '그리 아니하실지라도' 여정을 이렇게 요약했다. "이 시련들은 내 믿음을 흔들기보다, 오히려 담대히 걸어갈 확신을 주는 토대가 되었습니다. 그것들은 나를 뿌리째 흔들었지만, 동시에 하나님에 대한 확신을 더욱 굳건하게 만들었습니다."

이 모든 증인은 나를 격려하고 강하게 하며 겸손하게 했다. 그 중에서도 가장 큰 영향을 준 사람은 함께 사는 '그리 아니하실지라도' 증인인 내 아내다. 이 책을 쓰는 지금, 사랑하는 아내는 어머니를 유방암으로 잃은 슬픔 속에서도 '그리 아니하실지라도'를 선언하고 있다.

나는 처가 식구에 대한 흔한 농담들을 이해하지 못한다. 가령, 극성스럽고 간섭하는 장모에 대한 신랄한 풍자는 내겐 낯선 경험이다. 내 장모님은 나를 깊이 사랑하는 놀라운 분이셨다. 한국에서 미국으로 이민 온 후 간호사 일을 다시 배워 42년간 일하셨고, 은퇴 후에도 우리 가족과 친척들을 지칠 줄 모르고 돌보셨다.

장모님은 늘 마지막에 식사하셨다. 대개 미지근해진 음식과 남은 반찬들로 끼니를 해결하셨다. 아이들에게는 몰래 용돈을 건네시곤 했는데, 마치 비밀요원처럼 은밀히 행동하셨다. 할인 상품을 찾는 데 도사였지만, 쇼핑을 가실 때마다 손주들을 위한 옷을 한아름 사 오셨다. 암에 걸려도 되는 사람은 없지만, 장모님은 특히나 그랬다.

장모님의 병세가 악화되면서, 아내는 여러 가지 '만약에'와 씨름했다. 치유를 위해 기도했지만, 암이 진행될수록 좌절과 실망이 쌓여갔다. 특히 마지막 몇 달 동안은 "왜 하나님은 어머니의 고통을 멈추지 않으시는가?"라는 의문에 시달렸다. 치유해주지 않으신다면, 왜 본향으로 데려가지 않으시는 걸까?

우리는 함께 각자의 불평을 나누고, 속마음을 털어놓으며, 그것을 주님께 맡기는 법을 배웠다. 때로는 격하게 울기도 했지만, 무너지지는 않았다. 서로의 슬픔과 불평을 들으며 비난하지 않았다. 암과 이 세상에 대한 분노를 표출했다. 흐느낌뿐만 아니라 깊은 침묵으로도 비통함을 드러냈다.

장모님의 임종을 앞두고 우리는 다양한 가능성을 고민했다. 손주들의 졸업식을 못 보시면 어쩌지? 결혼식은? 추수감사절 전에 돌아가시면? 내년에 돌아가시면? 여러 상황을 떠올리며, 우리의 통제권을 내려놓고 지금까지 선하셨던 주님을 바라보았다. "사랑하는 어머니를 데려가신다 할지라도, 우리는 당신을 신뢰하고 예배하겠습니다. 지난 세월 장모님의 삶으로 우리에게 복을 주셨습니다. 슬프고 비통하지만, 감사드립니다"라고 고백했다.

장모님은 1년간의 투병 끝에 크리스마스 전날 세상을 떠나셨다. 하나님이 우리에게 오신 것을 기념하는 날에 장모님이 주님 곁으로 가신 것은 의미심장했다. 장모님은 본향을 그리워하셨고, 물건을 정리하고 가족들과 마지막 대화를 나누며 차분히 준비해 오셨다.

장모님이 떠나신 후에도, 우리는 여러 후회와 씨름했다. 다른 치료법을 시도했더라면, 1년만 더 살아계셨더라면, 호스피스 시기를 조절했더라면 하는 생각들이 들었다. 우리는 이 모든 것을 통해 더 강해지고, 더 깊은 믿음을 갖게 될 것이다.

이 증인들은 '그리 아니하실지라도' 선언이 일회성이 아님을 일깨운다. 그것은 삶의 굴곡을 따라 실시간으로 믿음을 유지한 결과로 촘촘히 짜인 천과 같다. 새로운 시련마다 하나님의 선하심을 기억하고 그를 예배할 새 기회가 온다. 당신의 경험은 독특

할지 모르나, 하나님 백성의 전체 경험에서 보면 낯설지 않다.

당신의 여정이 앞으로 어떻게 펼쳐지든, 우리는 혼자가 아니다. '그리 아니하실지라도'를 선언할 때, 우리는 큰 실망과 역경 속에서도 하나님을 신뢰했던 선배 성도들의 어깨 위에 서 있다. 우리는 과거와 현재의 수많은 증인에 둘러싸여 있다. 이는 그런 삶이 헛되지 않음을 상기시킨다.

당신 주변에 더 가까운 '그리 아니하실지라도' 공동체가 있는가? 없다면, 누구를 이 여정에 초대할 수 있을까? 같은 고민을 하거나 같은 단계에 있는 사람일 필요는 없다. 단지 하나님의 선하심을 신뢰하는 믿음을 나누면 된다. 몇 사람과 이 믿음을 나눌 수 있을 것이다. 다음 걸음을 뗄 때 지지해줄 친구들을 초대할 수도 있다. 그들의 여정에 대해 물어볼 수도 있다. 함께 이 삶을 살아갈 구체적인 방법들이 있다. 당신은 혼자일 필요가 없다.

뒤에서 양 떼를 이끄심

당신의 여정은 나와 다르겠지만, 우리 모두는 같은 선하신 하나님의 손안에 있다. 대대로 그의 백성을 만나고 필요를 채우셨듯이 그분은 우리도 그렇게 대하실 것이다.

이 점을 잊지 말라. 하나님은 우리와 함께 계신다. 그분은 멀리 계시지 않고 가까이서 관여하신다. 시편 23편이 이를 잊지 않게 한다.

여호와는 나의 목자시니 내게 부족함이 없으리로다
그가 나를 푸른 풀밭에 누이시며
쉴만한 물가로 인도하시는도다…
내가 사망의 음침한 골짜기 다닐지라도
해를 두려워하지 않을 것은
주께서 나와 함께 하심이라 _23:1-2, 4.

골짜기가 아무리 어두워도 하나님은 우리와 함께 계신다. 그래서 우리는 두려워하지 않는다.

하나님을 목자로 묘사하는 것은 여전히 위로가 된다. 그래서 시편 23편은 병상이나 장례식에서 자주 읽힌다. 우리는 자신을 위험한 광야 속에 홀로 놓인 하나님의 양으로 상상한다. 하나님은 목자로서 우리를 공급하고, 인도하고, 사망의 음침한 골짜기에서 보호하신다. 모든 사람은 보호와 인도와 안전을 갈망한다.

당신은 하나님이 어떻게 양 떼를 돌보시는지 생각해본 적 있는가? 나는 목자가 막대기를 들고 앞서가고 양들이 가지런히 따라가는 모습을 상상했다. 어릴 적 보았던 그림의 영향이었다. 목자는 흰 겉옷을 입고 광고 모델 같은 머리를 하고 있었다. 이런 목가적 이미지는 따뜻한 보살핌의 느낌을 주었다.

하지만 이스라엘 광야 여행에서 나의 상상이 얼마나 틀렸는지 깨달았다. 수백 마리의 양과 염소가 언덕에 구름 그림자처럼 펼쳐져 있었다. 그들은 질서정연하게 움직이지 않고 불규칙하게 퍼져 있었다. 처음엔 양 떼의 앞뒤를 구분할 수 없었고, 더 놀랍게도 목자가 보이지 않았다.

목자는 양 떼 앞이 아닌 뒤에 있었다. 그는 오직 목소리와 몇몇 일꾼, 개들의 도움만으로 양 떼를 이끌고 있었다. 이 광경은 나를 놀라게 했지만, 곰곰이 생각해보니 이해가 갔다. 목자는 보통 앞에서 양 떼를 인도하지 않는다. 양 떼에 등을 돌린다면 어떻게 보호할 수 있겠는가? 육식동물의 접근이나 뒤처진 양을 어떻게 알아챌 수 있겠는가? 가장 이상적인 위치는 양들 뒤쪽이다. 목자는 그곳에서 앞길과 모든 잠재적 위험을 동시에 볼 수 있다.

하지만 여기에 역설이 있다. 양에게 가장 안전한 상황이 또한 가장 불안한 상황이 된다. 양은 목자를 볼 수 없고, 오직 그의 음성만 들을 수 있을 뿐이다. 양들은 보이지 않는 목자의 돌봄과 보호를 신뢰하며 매 걸음을 내디뎌야 한다. 양들은 목자의 시야에 있지만, 목자는 양들의 시야에 없는 것이다.

실제 양에게는 이것이 문제가 되지 않을 수 있지만, 이 비유를 우리와 하나님의 관계에 적용하면 받아들이기가 훨씬 어려워진다. 목자이신 하나님이 우리 앞에 보이지 않을 때 어떤 일이 일어나는가? 두려움이 스며들기 시작한다. 우리는 자신의 위치와 방향에 대해 의문을 품는다. 앞으로 나아갈 때조차 우리는 불확실함을 느낀다.

하나님의 손이 보이지 않더라도

　어린 딸이 처음으로 두 바퀴 자전거를 혼자 탔을 때 이런 경험을 했다. 자랑스러우면서도 두려운 순간이었다. 딸의 능력에 놀랐지만(오빠보다 몇 년 빨랐다) 동시에 넘어질까 봐 걱정됐다. 오빠의 자전거를 타느라 발이 잘 닿지 않았고, 핸들 조작도 서툴렀다. 딸은 내게 옆에서 뛰어달라고, 속도를 낼 때 핸들을 잡아달라고 부탁했다.

　처음엔 기꺼이 들어주었다. 아빠가 지켜준다는 게 우리 모두에게 안심이 됐다. 하지만 딸이 점점 빨라지자 따라잡기 힘들어졌다. 내가 핸들을 계속 잡고 있으면 오히려 균형을 잃을 수 있었다. 결국 나는 뒤에서 딸의 등을 받치기로 했다. 이렇게 해도 지지와 균형을 잡아줄 수 있었지만, 딸에겐 충분하지 않게 느껴졌다. 아이는 말이 없어지고 두려움에 사로잡혔다.

　"아빠, 손을 핸들에 놔요!" 딸이 두려워하며 외쳤다.

　"아빠 손은 네 뒤에 있어. 이러면 넘어지지 않을 거야. 내가 도와줄게." 숨을 헐떡이며 달리면서 안심시켰다.

　"안 돼요, 아빠 손이 보이게 해요!"

　딸에게는 그것만이 중요했다. 뒤에서 내 손이 받쳐주는 것으로는 부족했다. 자전거를 더 부드럽게 조절해주는 것도, 내가 옆에서 계속 달리는 것도 충분치 않았다. 딸은 내 손을 눈으로 봐야 했다. 앞에서 인도해주길 원했다.

우리도 종종 하나님께 이렇게 요구하지 않는가? "우리가 볼 수 있는 곳에 손을 두세요, 하나님." 우리는 하나님의 선하심이 예측 가능하기를 바란다. 하나님의 행하심을 이해할 때 더 위로받고 보호받는다고 믿는다. 골짜기의 그림자나 풀무의 열기로 하나님의 손이 흐려질 때, 우리는 그분의 역사를 믿기 어려워한다.

하지만 그렇다고 하나님이 일하지 않으신다는 뜻은 아니다. 선한 목자이신 하나님은 여전히 당신을 인도하고 보호하고 계신다. 그분은 언제나 그러셨고, 지금도 멈추지 않으실 것이다. 당신이 마주한 최근의 도전은 하나님이 당신을 버리셨다는 신호가 아니다. 다가올 역경도 하나님이 당신을 잊으셨다는 뜻이 아니다. 단지 선한 목자처럼, 하나님이 뒤에서 당신을 인도하고 계신 것일 수 있다.

이는 시편 23편에만 나오는 원리가 아니다. 이사야서에서도 선지자는 하나님의 백성에게 역경 속에서도, 심지어 그들의 죄의 결과로 인한 것일지라도 하나님의 자비가 함께할 것이라고 위로한다. "너희가 오른쪽으로 치우치든지 왼쪽으로 치우치든지 네 뒤에서 말소리가 네 귀에 들려 이르기를 이것이 바른 길이니 너희는 이리로 가라 할 것이며"30:21. 우리가 하나님께 신실하지 못할 때라도 하나님은 여전히 신실하게 우리를 인도하신다.

이는 당신이 순간 하나님의 손을 볼 수 없을지라도 그분의 음성과 임재를 느낄 수 있다는 뜻이다. 하나님은 불기둥이나 구름 기둥으로 당신의 광야를 인도하지 않을 수도 있다. 그분의 인도를 받는다고 해서 반드시 골짜기를 피하게 되는 것도 아니다. 그러나 하나님이 당신의 목자임을 기억하라. 그리고 목자는 종종 뒤에서 인도한다는 것을 알라. 하나님은 당신을 보시고, 당신의 두려움을 아시며, 당신보다 앞길을 더 잘 보신다.

하나님의 손이 핸들에 놓여 있지 않은 듯하여 그분이 당신을 외면하고 계신다고 생각할 수 있다. 하지만 성경의 하나님, 자기 아들이 십자가의 죽음이라는 최악의 골짜기를 겪도록 허용하신 하나님은 그런 분이 아니다. 우리를 구원하고, 양자 삼고, 새 생명을 주시기 위해 그렇게까지 하신 하나님이 지금 우리를 버리실 리 없다.

로마서 8장 32절은 이렇게 말씀한다. "자기 아들을 아끼지 아니하시고 우리 모든 사람을 위하여 내주신 이가 어찌 그 아들과 함께 모든 것을 우리에게 주시지 아니하겠느냐." 이 "모든 것"에는 인도와 보호 그리고 견딜 힘까지 포함된다. 자녀의 자전거 안장을 붙잡고 있는 아버지처럼, 하나님은 당신의 삶 가운데 그분의 손길을 얹고 계신다. 그분의 선하심은 끝이 없다. 하나님은 당신과 함께 계시며, 지켜보고, 심지어 함께 달리기까지 하신다.

당신이 이 책을 읽고 있다는 사실에는 단순하지만 중요한 의미가 있다. 당신이 여기까지 왔다는 것 자체가 의미 있다. 내가 들은 가장 통찰력 있는 조언 중 하나는 "당신이 어디에 있든, 당신은 거기 있다"는 것이었다. 이는 당신이 모든 어려움을 극복하고 지금 이 순간까지 살아남았음을 의미한다. 당신의 현재 위치가 바로 당신의 여정의 증거이며, 앞으로 나아갈 수 있는 출발점이다. 인생이 얼마나 힘들었든, 당신은 지금까지 잘 해냈다. 당신은 여기 있다. 살아 있고, 버티고 있다. 포기하고 싶었을 때도 있었겠지만, 그러지 않았다. 인생이 아무리 어둡고 불안정해 보여도, 당신은 이전과 다른 곳에 있다. 잊고 싶은 한 해였다 해도, 믿음으로 그 시간을 견뎌냈음을 기억하라.

당신은 어떻게 여기까지 왔는가? 순전히 자기 힘으로였을까?

그렇지 않다. 선한 목자이신 하나님이 당신과 동행하며 인도하셨다. 언제나 하나님을 볼 수 있었던 것은 아니지만, 당신이 여기 있는 것은 그분의 자비 덕분이며, 그분은 지금도 당신을 버리지 않으실 것이다. 당신은 현재 상황을 좋아하지 않을 수 있지만, 하나님은 당신에게 큰 긍휼을 베푸신다. 그분은 당신을 더 푸른 초장과 잔잔한 물가로 인도하기를 원하신다. 골짜기에서 당신을 버리지 않으실 것이다. 하나님은 당신을 인도하실 때, 길이 어디로 향하는지 볼 수 없을지라도 다음 걸음을 내디디라고 하실 것이다.

하나님은 당신이 집착하고 있는, 특히 그분의 뜻보다는 당신 자신의 의지를 반영하는 그러한 조건들을 내려놓으라고 하실 것이다. 당신의 후회와 결점까지도 버리고, 온전히 사랑받는 자로서 정체성 안에서 살라고 도전하실 것이다. 당신의 플랜 B를 하나님의 뜻으로 대체하라고 요구하실 텐데, 그 뜻은 당신이 바라는 만큼 항상 세세하게 펼쳐지지는 않을 것이다.

당신의 여정이 어떠하든, 영혼의 목자이신 하나님은 과거의 사람들과 당신 주변 사람들에게 그러셨듯이 당신에게도 선하실 것이다. 그리스도의 십자가가 이를 보증하며, 수많은 증인이 이를 증거한다. 당신의 '그리 아니하실지라도' 선언은 이로부터 실제 삶으로 이어질 것이다.

이 과정에서 당신은 하나님의 임재를 깊이 체험하게 될 것이다. 여정의 어느 지점에 있든, 선하신 하나님을 알고 그 사랑의 깊이를 경험할 것이다. 병실에서, 고독할 때, 비극과 실망, 예상치 못한 변화 속에서도 하나님의 동행을 기억하며 앞으로 나아갈 수 있을 것이다. 그리고 당신은 '그리 아니하실지라도'를 선포할 것이다.

이 선언은 신뢰할 수 있는 목자이신 하나님을 향한 믿음의 표현이다. 평안을 찾기 힘들 때도, 상황이 우리의 바람과 다를 때도 그분을 신뢰한다는 의미다. 이는 눈에 보이지 않는 분을 믿는다고 말하는 것이다. 그분이 우리를 떠나거나 버리지 않으실 것을 알기 때문이다. 우리는 하나님의 것이며, 우리의 이야기는 수많은 증인의 이야기와 함께 세상을 향한 하나님 사랑의 대서사시에 포함될 것이다.

우리가 삶의 경주를 달릴 때, 하나님은 우리의 '그리 아니하실지라도' 선언을 새롭게 기록하신다. 이는 언젠가 모든 증인 앞에서 낭송될 날을 위함이다. 그날, 우리는 우리의 고난이 헛되지 않았고, 우리의 믿음이 단순한 낙관주의를 넘어선 것이었음을 깨달게 될 것이다.

하나님께서 우리 안에서, 그리고 우리를 통해 행하신 일들이
드러날 때, 우리 삶을 지탱해온 하나님의 선하심이 우리가 처음
상상했던 것보다 훨씬 더 크고 깊다는 사실을 깨닫게 될 것이다.
그때까지 어떤 시련이나 축복이 찾아오더라도, 그분의 선하심을
선포하자.

당신을 위한 기도

오랫동안 나는 즉흥적인 기도가 하나님 보시기에 더 좋다고 믿었다. 기도서나 정형화된 기도문은 진정성이 부족하다고 여겼다. 하지만 세월이 흐르며 다른 이들이 쓴 기도문의 가치를 발견했다. 그 기도들의 깊이 있는 통찰과 실용성에 감동받았다.

말문이 막힐 때, 이런 기도문들이 내 마음속 감정을 표현하는 데 도움이 됐다. 그들은 내 기도의 언어를 풍성하게 하고, 미처 생각지 못했거나 꺼리던 주제로도 기도하게 해줬다. 또한 하나님은 말의 독창성보다 마음의 진실성을 보신다는 걸 알았다.

이제 당신을 위해 몇 가지 기도문을 소개한다. 혼자 또는 여럿이 함께 사용할 수 있는 기도들이다. 그대로 읽거나 자신의 말로 풀어 기도해도 좋다. 이 기도들이 당신만의 기도를 새롭게 표현하는 데 도움되길 바란다.

궁지에 몰렸다고 느낄 때

오, 나를 보시는 하나님.

주님, 당신은 제 마음과 욕망을 아십니다.
제가 노력하고 시도하는 모든 것을 보고 계십니다.
저는 더 나아갈 수 있다고 생각했습니다.
하지만 지금은 이 답답한 삶에서 빠져나갈 수 없다고 느낍니다.

아버지, 저는 계속 전진하고 발전해야 한다는 압박감을 느낍니다.
주변에서 모두가 성취하는 모습을 봅니다.
그들에게 새로운 기회가 열리는 것을 보며,
세상이 저 없이도 잘 돌아가는 것 같습니다.

주님, 저를 비교의 함정에서 지켜주소서.
다른 이들의 위치와 성과를 보며 자신을 평가하지 않게 하소서.
겉으로 보이는 것이 전부가 아님을 기억하게 하소서.
지금 주님이 원하시는 곳에 제가 있음을 확신시켜주시고,
저를 향한 주님의 뜻이 선하심을 알게 하소서.

주님은 저를 잊지 않으셨습니다.
저는 주님의 자비와 긍휼에서 벗어나지 않았습니다.

이 불안한 시기에, 모든 것이 제 뜻대로 되지 않을 때,

주님 안에서 만족을 찾게 하소서.

제 필요를 저보다 더 잘 아시는 주님 안에서 평안을 얻게 하소서.

제 삶이 다른 이들보다 뒤처진다 해도,

주님이 제게 풍성한 생명을 주시러 오셨음을 기억합니다.

앞으로 나아갈 길이 보이지 않아도,

예수님이 길이요 진리요 생명이심을 믿습니다.

저는 주님을 기다리겠습니다. 주님은 결코 늦지 않으시니까요.

아멘.

실망하는 마음이 들 때

아버지,

이런 결과를 기대한 것은 아닙니다.

저는 다른 무언가를 믿고 바랐습니다.

마음 깊은 곳에서 다른 결과를 열망했습니다.

십자가에서 내려오실 예수님을 기대했던 제자들처럼…

하지만 그들은 무덤에 누우신 예수님을 보았습니다.

제 꿈도 산산조각 난 것 같습니다.

자비로우신 아버지, 당신의 선하심으로 제 실망을 헤아려주소서.
인내로 받아주소서.
기대가 비현실적이라면, 부드럽게 바로잡아주소서.
전체를 보지 못한다면, 놓친 부분을 살짝 보여주소서.

저는 요구하는 배심원이 아닌,
당신의 능력을 믿기에 실망도 할 수 있는 자녀로서 구합니다.
제 상상력을 유익한 방향으로 인도해주시고
가정들을 희망으로 변화시켜주소서.

하나님께서 이 상황 속에서도 일하고 계심을 압니다.
빈 무덤 앞에서 모든 실망이 무색해졌듯
하나님께는 불가능이 없음을 믿습니다.

제가 하나님의 일을 보지 못하고
제 바람과 달라도,
하나님은 죽음에서 생명을,
부서진 희망에서 새 꿈 만드심을 믿습니다.

슬픔을 기쁨의 춤으로, 이 재에서 아름다움을 일으켜주소서.
그렇게 하심을 여러 번 보았습니다.
저는 하나님을 기다리겠습니다. 아멘.

실패했을 때

새로운 기회를 주시는 하나님

오늘도 당신의 새로운 자비가 필요합니다.
최선을 다했지만 여전히 부족합니다.
선한 의도 당신은 아시나
제 표현은 서툴렀습니다.

더 강하고, 지혜롭고, 경건하지 못해 죄송합니다.
하지만 제 부족함 당신께는 놀랍지 않음을 압니다.
먼지에 불과함을 당신은 아시나
저는 자주 잊곤 합니다.

자기 정죄의 목소리 잠재워주소서.
제가 단순한 실수 덩어리가 아님을 일깨워주소서.
제 가치가 성취보다 크다는 것을 알게 하소서.
인정 욕구가 행동을 좌우하지 않게 하소서.

아버지, 제 고개를 들게 하시고 수치를 거두어주소서.
실패를 정직하게 볼 용기를 주소서.
그 실패로 당신의 가르침 배우게 하소서.

당신의 인자하심으로 다음 걸음 내딛게 도와주소서.

어떤 실패도 당신의 사랑에서 끊을 수 없음에 감사합니다.

저는 실수가 만드는 불협화음과 마주할 수 있습니다.

그리스도 예수 안에 있는 자에게 정죄함이 없기 때문입니다.

실패가 바짝 쫓아오고

항상 한걸음 앞선 듯 보여도,

노력이 헛되어 보일지라도,

당신께 용서가 있음을 기억하겠습니다.

예수님의 승리가 제 실패를 이기심을 믿습니다.

제게는 지킬 평판이 없음을 기억하겠습니다.

유일하게 가치 있는 평판은 당신이 주시는 것이기에,

믿음으로 말미암아 은혜로 얻는 평판,

당신의 사랑받는 자라는 고귀한 부르심을 기억하겠습니다.

아멘.

모험을 감행하기 전에

영광의 하나님,

당신이 제 마음에 심으신 열정을 부인할 수 없습니다.
뼛속 깊이 자리한 불꽃처럼, 앞으로 나아가려는 욕구가 타오르나
두려움이 그림자처럼 따라옵니다.

"만약에…"라는 의문이 제 마음을 지배하고
성공에 대한 갈망은 무거운 짐으로 어깨를 누르니
불확실함에 대한 떨리는 마음을 고백합니다.

과거의 이력에 집착하며
조심스레 현상 유지의 안전한 길을 택하고 싶으나
당신은 가만히 놔두지 않으십니다.

안락함이 아닌 고귀한 소명으로 부르시어
삶의 새로운 가능성에 눈 열어주시니
사랑과 정의, 의로움이 꽃피는 삶으로 이끄십니다.
하나님 나라의 대의가 보이신 세상을 변화시키는 힘을 맛본 후
더는 외면할 수 없습니다.

이 모험의 끝을 알지 못하오나
당신의 본질을 깊이 알고 신뢰합니다.
당신은 찬양받기에 합당하시며
그 나라 확장의 열정으로 가득하심을.

제 마음의 소망이 당신께 영광 돌리는 것임을 아시고
그것을 이루실 능력과 역량을 굳게 믿습니다.
제 평판을 당신께 온전히 맡기고
성공 욕구를 내려놓습니다.

해야 할 일을 감당할 용기를 주소서.
안전한 배에서 내려 거친 바다로 나갈 때 흔들리지 않게 하시고
오직 당신의 의견을 중요하게 여기게 하소서.

피할 수 없는 비판의 화살 앞에 방어적이지 않게 하시고
이 여정이 순조롭지 않고 고통과 불편이 덮쳐도
저의 최선을 받기에 합당하심을 고백합니다.

저의 순종이 맺을 열매를 온전히 맡기오니
성공과 실패를 초월해, 영원히 당신의 것임을 확신합니다.
아멘.

과거가 뇌리를 떠나지 않을 때

새로운 시작의 하나님,

당신의 은혜 없었다면 오늘의 저는 어디 있었을까요?
제 귀를 열어 당신 음성 듣게 하시고
죽음에서 생명으로 저를 불러내셨습니다.
저를 구원하여 당신의 자녀라는 새 정체성 주셨습니다.

하지만 과거의 짐과 옛 삶의 기억들이 여전히 저를 괴롭힙니다
변할 수 없다고 속삭이는 그 목소리들
당신께 맞섰던 순간들이 아프게 떠오르고
스스로 신이 되려 했던 어리석음을 아프게 기억합니다.

아, 제 과거를 지울 수 있다면!
당신의 따뜻한 자비를 더 일찍 알았더라면.

그래도 이것을 기억합니다
당신의 때는 완벽하고
당신의 계획은 의미 있으며
당신 나라엔 의미 없는 시간이 없다는 것을.

잃어버린 시간을 되찾고 싶지만
당신의 선하심이 제가 받을 만한 것 이상임을 압니다.
당신은 제 죄를 멀리 보내시고
동이 서에서 먼 것처럼
더 이상 그것들을 기억하지 않으십니다.

새로운 삶 속에서 살게 도와주소서.
원수가 아닌 자녀로
반역자가 아닌 친구로
빚진 자가 아닌 사랑받는 사람으로.

제 과거를 지울 수 없고
당신께 충분히 보답할 수 없어도
구세주의 자비에 의지합니다.
당신이 하신 일로 충분하다고 믿습니다

제 마음에서 시작해 세상 끝까지
모든 것을 새롭게 하시는 당신의 힘을 찬양합니다.
아멘.

감사의 글

사랑하는 아내 사라에게. 내가 할 수 없다고 생각했을 때 당신은 나의 든든한 응원자이자 최고의 격려자가 되어주었습니다. 글을 쓰기 위해 나를 혼자 두어야 할 때도 기꺼이 그렇게 해주었고, 그 동안 우리 아이들이 집을 엉망으로 만들지 않도록 최선을 다해주었습니다. 오래전 주차장에서 헤어질 때, 우리가 이렇게 살아남아 그 경험에 대해 책을 쓰게 되리라고 누가 상상이나 했겠습니까? 우리 둘 다 '그리 아니하실지라도'의 여정을 함께 걸어왔습니다.

우리 아이들 캘빈, 노아, 벤, 베아트리체, 오웬에게. 너희가 내 삶을 뒤집어놓곤 하지만, 그것이 오히려 나를 굳건히 서게 한다는 사실이 놀랍지 않니? 우리 가족의 하루하루를 보면서, 하나님이 아빠의 바람과 아쉬움 그리고 여러 계획들을 얼마나 따뜻하게 보살피시는지 알게 됐어. 이 책에 대해 그렇게 신나 하고, 누구 이름이 더 많이 나오는지 경쟁해줘서 고마워. 아빠는 너희를 사랑한단다. … 무슨 일이 있어도… 언제나… 영원히… 이만큼… 그리 아니하실지라도.

아버지 에드워드와 장모님 경Kyung에게. 두 분이 이 책을 보셨다면 얼마나 좋았을까요. 두 분의 삶이 이 책을 쓰는 데 큰 도움이 되었습니다.

어머니 수지에게. 아버지를 잃는 과정은 우리 삶에서 가장 힘든 '그리 아니하실지라도' 시기 중 하나였어요. 그러나 어머니는 그 고통 속에서도 하나님을 예배하셨고, 지금도 변함없이 그렇게 하고 계십니다. 이는 어머니의 삶에 깊이 있는 이야기를 더해주었습니다. 나와 내 사역을 위해 함께 헌신해 주신 것에 깊은 감사를 드립니다.

실비아에게. 당신이라면 이 책을 더 빨리, 더 통찰력 있게 썼을 거예요. 아이디어를 조언해주고, 곳곳에 생기를 불어넣어 주며, 때론 나보다 더 이 프로젝트에 열정적이어서 고마워요. 이 책에 대한 당신의 열정과 자부심은 내가 어려움을 극복하는 데 큰 힘이 되었답니다.

그레이스 커뮤니티 교회 가족 여러분. 여러분이 이 책에 보여준 관심과 응원은 진실한 믿음과 목회자를 향한 따뜻한 마음에서 나온 것임을 느낍니다. 하나님을 기쁘게 해드리려는 여러분의 마음이 저를 더 나은 목회자가 되게 합니다.

우리 교회 장로님들께도 감사드립니다. 많은 격려와 시간을 허락해주고, 이 메시지를 전하는 데 필요한 지혜를 주었습니다.

돈, 나의 에이전트. 제 두려움을 들어주고, 기꺼이 독자가 되어주고, 응원해주고, 지지해주어 고맙습니다.

수잔. 아직도 당신이 제게 기회를 주셨다는 게 믿기지 않습니다. 통찰력 있는 조언, 초보 작가인 저를 부드럽게 이끌어주고 이 메시지가 사람들에게 도움이 될 거라고 믿어주어 감사합니다.

다이앤. 사실 확인, 자료 정리, 문맥 조사, 첫 번째 서평자가 되어주어 감사합니다. … 그것도 제 삶과 사역을 잘 이해하면서요! 당신과 함께한 사역은 하나님이 우리에게 꼭 필요한 것을 주신다는 걸 깨닫게 해줍니다. 당신은 제게 선물 같은 존재입니다.

포레스트와 카라. 두 분의 상실과 슬픔을 통한 씨름, 그 속에서도 하나님을 예배하려는 헌신은 '그리 아니하실지라도' 삶의 힘과 아름다움을 보여줍니다. 두 분의 이야기를 나눠주셔서 감사합니다.

이안과 목회자들. 이 책의 거친 부분들을 다듬어 매끄럽게 만들어주셔서 감사합니다. 이안, 당신이 없었다면 4장은 완성되지 못했을 겁니다. 매트, 당신이 없었다면 저는 시작도 못 했을 겁니다. 켈세이, 표현할 수 있게 용기를 줘서 고마워요. 줌으로 나눈 잡담, 모닥불 모임, 딥 크릭에서의 모험, 목회와 삶에 대한 대화들은 모든 목사에게 필요한 것들입니다.

지미, 존과 낚시회. 당신들은 내가 홀로 글을 써야 할 때, 강물에 뛰어들어 머리를 식혀야 할 때, 그리고 마감 후 함께 축하해야 할 때를 정확히 알았지요. 이런 분별력은 무수히 갈색 송어를 잡고 가방을 베고 잠들던 날들에서 비롯되었습니다. 우리가 함께했던 시간이 매번 나에게 새로운 활력과 시각을 선사해준 점 진심으로 감사드립니다.

커뮤니티 펠로우십 교회. 우리가 함께한 8년은 '그리 아니하실지라도' 공식을 풀어간 시간이었습니다. 신혼부부로 왔다가 성인이 되어 떠날 때까지, 여러분이 나와 내 신부에게 보여준 복음의 모습에 영원히 감사할 것입니다.

엘리자베스, 채드, 토니, 데이브와 에린, 윌과 나오미, 레슬리, 베티. 당신들의 이야기는 '그리 아니하실지라도' 삶을 보여주며, 나 자신도 그런 삶을 살아갈 힘을 줍니다.

전 세계 파이오니어스 가족. 당신들은 나의 '그리 아니하실지라도' 영웅들입니다. 미전도 지역의 교회들에서 예수의 명성이 드러나기를 바라며 선언하고, 견디고, 결심하고, 희생하는 분들입니다. 그것을 말로만 하는 게 아니라 삶으로 살아내고 있습니다.

이 책에 소개된 수많은 '그리 아니하실지라도' 증인들. 당신의 이야기는 하나님이 엮어가시는 아름다운 '그리 아니하실지라도' 옷감에 꼭 필요한 실입니다. 당신이 칭찬을 바라지 않고 그저 믿음을 삶으로 살아내는 모습은 여러 면에서 하나님의 선하심을 보여줍니다.

미주

인생의 깊은 골짜기를 걷는 믿음의 사람들에게

1. David Brooks, *The Second Mountain: The Quest for a Moral Life* (New York: Random House, 2019), xvi. (《두 번째 산》, 부키 역간, 2020).

1부. 어쩌면 인생을 뒤바꿀 두 단어

1. "Breakpoint: Dunkirk, 'And If Not,'" Breakpoint, August 4, 2017, www.breakpoint. org/breakpoint-dunkirk-and-if-not.
2. Walter Lord, *The Miracle of Dunkirk: The True Story of Operation Dynamo* (New York: Open Road, 2017).
3. Martin Luther King Jr., "I Have a Dream," 연설, March on Washington, August 28, 1963, Washington, DC, The Martin Luther King, Jr. Research and Education Institute, https://kinginstitute.stanford.edu/king-papers/documents/i-have-dream-address-delivered-march-washington-jobs-and-freedom.

1장. 환난 속의 임재

1. David Brooks, *The Second Mountain: The Quest for a Moral Life* (New York: Random House, 2019), 212.
2. Fleming Rutledge, Advent: *The Once and Future Coming of Jesus Christ* (Grand Rapids, MI: Eerdmans, 2018), 330.
3. Timothy Keller, *Walking with God Through Pain and Suffering* (New York: Riverhead Books, 2015), 230–31. (《팀 켈러, 고통에 답하다》, 두란노 역간, 2018).

2장. 안전하진 않지만 선하신 하나님

1. A. W. Tozer, *The Knowledge of the Holy* (New York: HarperOne, 1961), 1. (《하나님을 바로 알자》, 생명의말씀사 역간, 2008).
2. C. S. Lewis, *The Lion, the Witch and the Wardrobe* (London: Harper-Collins Children's Books, 2015), 75. (《사자와 마녀와 옷장》, 시공주니어 역간, 2018).
3. Cornelius Plantinga Jr., Dale Cooper, *Reading for Preaching: The Preacher in Conversation with Storytellers, Biographers, Poets, and Journalists* (Grand Rapids, MI: Eerdmans, 2013), 96에서 인용. (《설교자의 서재》, 복있는사람 역간, 2014).
4. Paul David Tripp, *Awe: Why It Matters for Everything We Think, Say, and Do* (Wheaton, IL: Crossway, 2015), 115–16에서 받은 영향에 감사한다. (《경외》, 생명의말씀사 역간, 2016).
5. Neil Postman, *Amusing Ourselves to Death: Public Discourse in the Age of Show Business* (New York: Penguin Books, 2006), 99–100. (《죽도록 즐기기》, 굿인포메이션 역간, 2020).
6. Gerard Manley Hopkins, "God's Grandeur," in *The Major Works, ed. Catherine Phillips* (Oxford: Oxford University Press, 2009), 128.
7. Harold Sevener, ed., *Messianic Passover Haggadah* (New York: Chosen People Ministries, 2000), 21-25.
8. J. I. Packer, *Knowing God* (Downers Grove, IL: IVP Books, 2018), 23. (《하나님을 아는 지식》, IVP 역간, 2008).

3장. 믿음과 의심의 중첩

1. Kate Bowler, Everything *Happens for a Reason: And Other Lies I've Loved* (New York: Random House, 2018), 106-25. (《모든 일에는 이유가 있어 그리고 내가 사랑한 거짓말들》, 포이에마 역간, 2019).

2. D. Martyn Lloyd-Jones, *Spiritual Depression: Its Causes and Its Cure* (Grand Rapids, MI: Eerdmans, 1965), 20. (《영적 침체》, 복있는사람 역간, 2014).

3. *Religious Affections*, ed. John E. Smith, vol. 2, The Works of Jonathan Edwards, ed. Perry Miller (New Haven, CT: Yale University Press, 1959), 240-53. (《신앙감정론》, 부흥과개혁사 역간, 2005).

4. C. S. Lewis, *Surprised by Joy: The Shape of My Early Life* (New York: Harcourt Brace Jovanovich, 1955), 77. (《예기치 못한 기쁨》, 홍성사 역간, 2003).

4장. 내 뜻대로 되길 바라는 마음

1. Paul David Tripp의 저서 *Instruments in the Redeemer's Hands: People in Need of Change Helping People in Need of Change* (Phillipsburg, NJ: P&R, 2002), 87-88는 내 마음의 변화에 큰 도움을 주었다. 이에 깊은 감사를 표한다. (《치유와 회복의 동반자》, 디모데 역간, 2007).

2. C. S. Lewis, *Mere Christianity* (New York: HarperOne, 2001), 136-37. (《순전한 기독교》, 홍성사 역간, 2001).

3. Eugene H. Peterson, *Five Smooth Stones for Pastoral Work* (Grand Rapids, MI: Eerdmans, 1992), 176. (《목회의 기초》, 포이에마 역간, 2012).

4. William Clark, *The Glorious Mess: Who We Are and How We Relate* (Reston, VA: Lay Counselor Institute, 2010-12).

5. Timothy Keller, *The Meaning of Marriage* (New York: Riverhead Books, 2011), 44. (《팀 켈러, 결혼을 말하다》, 두란노 역간, 2014).

6. Heather Davis Nelson, *Unashamed: Healing Our Brokenness and Finding Freedom from Shame* (Wheaton, IL: Crossway, 2016), 89-91.

7. Philip Yancey, *Reaching for the Invisible God: What Can We Expect to Find?* (Grand Rapids, MI: Zondervan, 2000), 69. (《아, 내 안에 하나님이 없다》, IVP 역간, 2011).

8. Pete Greig, *How to Pray: A Simple Guide for Normal People* (Colorado Springs, CO: NavPress, 2019), 57.

9. George Everett Ross, Yancey, *Reaching*, 52–53에 인용됨.

5장. 겉으론 괜찮은 척, 속으론 흔들리는 믿음

1. *Sliding Doors*, Peter Howitt 감독, Intermedia Films, 1998.

2. Philip Seymour Hoffman, "Philip Seymour Hoffman: Broadway's New 'Salesman,'" NPR, April 12, 2012, www.npr.org/2012/04/12/150305122/philip-seymour-hoffman-broadways-new-salesman.

3. Brené Brown, *Daring Greatly: How the Courage to Be Vulnerable Transforms the Way We Live, Love, Parent, and Lead* (New York: Gotham Books, 2012), 26. (《마음 가면》, 웅진지식하우스 역간, 2023).

4. John Newton, "Amazing Grace," 1779, 자유 이용 저작물.

5. Bryan Stevenson, *Just Mercy: A Story of Justice and Redemption* (New York: Spiegel & Grau, 2014), 290. (《월터가 나에게 가르쳐 준 것》, 열린책들 역간, 2016).

6. Jon Bloom, "If Only," Desiring God, October 27, 2017, www.desiringgod.org/articles/if-only.

7. Charlie Mackesy, *The Boy, the Mole, the Fox and the Horse* (New York: HarperOne, 2019), 12. (《소년과 두더지와 여우와 말》, 상상의힘 역간, 2020).

8. Brennan Manning, *Abba's Child: The Cry of the Heart for Intimate Belonging* (Colorado Springs, CO: NavPress, 2015), 15–30. (《아바의 자녀》, 복있는사람 역간, 2012).

9. Mark Buchanan, *Spiritual Rhythm: Being with Jesus Every Season of Your Soul* (Grand Rapids, MI: Zondervan, 2010), 53. (《영혼의 사계절》, 두란노 역간, 2012).

10. Thomas Merton, *New Seeds of Contemplation* (New York: New Directions, 2007), 34.

6장. 모든 것을 통제하려는 고집

1. Max Lucado, *Anxious for Nothing: Finding Calm in a Chaotic World* (Nashville, TN: Thomas Nelson, 2017), 3–4.

2. Lucado, *Anxious for Nothing*, 24.

3. Sheldon Vanauken, *A Severe Mercy* (New York: Harper & Row, 1987), 27. (《잔인한 자비》, 복있는사람 역간, 2005).

4. Vanauken, *A Severe Mercy*, 35.

5. Vanauken, *A Severe Mercy*, 216.

7장. 여기, 지금부터 시작되는 변화

1. James K. A. Smith, *You Are What You Love: The Spiritual Power of Habit* (Grand Rapids, MI: Brazos, 2016), 11. (《습관이 영성이다》, 비아토르 역간, 2018).

2. Smith, *You Are What You Love*, 37.

3. Fred Rogers, "Fred Rogers Acceptance Speech," Daytime Emmy Awards, Radio City Music Hall, May 21, 1997, New York, YouTube, www.youtube.com/watch?v=Upm9LnuCBUM.

4. Max Lucado, *Anxious for Nothing: Finding Calm in a Chaotic World* (Nashville, TN: Thomas Nelson, 2017), 94.

5. Jack Deere, *Even in Our Darkness: A Story of Beauty in a Broken Life* (Grand Rapids, MI: Zondervan, 2018), 203.

6. Miroslav Volf, *Free of Charge: Giving and Forgiving in a Culture Stripped of Grace* (Grand Rapids, MI: Zondervan, 2005), 108–10. (《베풂과 용서》, 복있는사람 역간, 2008).

7. J. I. Packer, *Knowing God* (Downers Grove, IL: IVP Books, 2018), 30–31.

8장. 진실을 마주할 수 있는 용기

1. Brian Stone, "Fully Alive: God's Dream for Us," in *Learning Change: Congregational Transformation Fueled by Personal Renewal*, ed. Jim Herrington and Trisha Taylor (Grand Rapids, MI: Kregel Ministry, 2017), 21.

2. Mark Buchanan, *Spiritual Rhythm: Being with Jesus Every Season of Your Soul* (Grand Rapids, MI: Zondervan, 2010), 46.

3. Aubrey Sampson, *The Louder Song: Listening for Hope in the Midst of Lament* (Colorado

Springs, CO: NavPress, 2019), 111–14.

4. Sampson, *The Louder Song*, 113.

5. Jen Pollock Michel, *Surprised by Paradox: The Promise of And in an Either-Or World* (Downers Grove, IL: IVP Books, 2019), 163.

9장. 두려움 너머로 나아가는 모험

1. Martin Luther, "A Mighty Fortress Is Our God," trans. Frederick H. Hedge, 1852, 자유 이용 저작물.

2. John Piper, *Risk Is Right: Better to Lose Your Life Than to Waste It* (Wheaton, IL: Crossway, 2013), 17. (《모험이 답이다》, 생명의말씀사 역간, 2016).

3. Karen Swallow Prior, *On Reading Well: Finding the Good Life Through Great Books* (Grand Rapids, MI: Brazos, 2018), 94.

4. Chip Heath and Dan Heath, *The Power of Moments: Why Certain Experiences Have Extraordinary Impact* (New York: Simon & Schuster, 2017), 113–31. (《순간의 힘》, 웅진지식하우스 역간, 2018).

5. Heath and Heath, *The Power of Moments*, 131.

6. Heath and Heath, *The Power of Moments*, 131.

7. Ed Catmull, *Creativity, Inc.: Overcoming the Unseen Forces That Stand in the Way of True Inspiration* (New York: Random House, 2014), 279–81.

8. Catmull, *Creativity*, Inc., 114.

9. Mark Batterson, "The Lion Chaser's Manifesto," in *Chase the Lion: If Your Dream Doesn't Scare You, It's Too Small* (Colorado Springs, CO: Multnomah, 2019).

10. Justin Whitmel Earley, *The Common Rule: Habits of Purpose for an Age of Distraction* (Downers Grove, IL: IVP Books, 2019), 162.

11. Philip Yancey, *Reaching for the Invisible God: What Can We Expect to Find?* (Grand Rapids, MI: Zondervan, 2000), 47.

12. C. S. Lewis, *The Screwtape Letters* (San Francisco: HarperSanFrancisco, 2001), 60. (《스크루테이프의 편지》, 홍성사 역간, 2000).

13. Charlie Mackesy, *The Boy, the Mole, the Fox and the Horse* (New York: HarperOne, 2019), 67.

1. Henri Nouwen, quoted in Michael J. Christensen, "Henri Nouwen on Hearing a Deeper Beat," in Henri Nouwen, *Discernment: Reading the Signs of Daily Life* (New York: HarperOne, 2013), 179.

2. Joseph Campbell, quoted in Brené Brown, Braving the *Wilderness: The Quest for True Belonging and the Courage to Stand Alone* (New York: Random House, 2017), 40.

3. Author unknown. Quoted in Justin Taylor, "Do the Next Thing," The Gospel Coalition, October 25, 2017, www.thegospelcoalition.org/blogs/justin-taylor/do-the-next-thing.

4. TobyMac, Facebook, October 24, 2019, www.facebook.com/tobymac/posts/1015posts/10156560898076179.

국제제자훈련원은 건강한 교회를 꿈꾸는 목회의 동반자로서 제자 삼는 사역을 중심으로
성경적 목회 모델을 제시함으로 세계 교회를 섬기는 전문 사역 기관입니다.

그리 아니하실지라도

초판 1쇄 인쇄 2024년 9월 11일
초판 1쇄 발행 2024년 9월 25일

지은이 미첼 리
옮긴이 정옥배

펴낸이 오정현
펴낸곳 국제제자훈련원
등록번호 제2013-000170호(2013년 9월 25일)
주소 서울시 서초구 효령로68길 98(서초동)
전화 02)3489-4300 **팩스** 02)3489-4329
이메일 dmipress@sarang.org

ISBN 978-89-5731-904-8 (03230)

※ 책값은 뒤표지에 있습니다. 잘못된 책은 구입하신 곳에서 교환해드립니다.